Mes cartes d'AUTOHYPNOSE

19, rue Saint-Séverin 75005 Paris

ISBN : 978-2-85327-929-1

info@guytredaniel.fr
www.editions-tredaniel.com

Imprimé en Chine

Camille Griselin
Illustrations de Marie Bouin
@byladyfox

Mes cartes d'AUTOHYPNOSE

Éditions **Médicis**

Sommaire

Les 7 cartes de rituel d'autohypnose

Les cartes « histoires »

Accueil

Bienvenue dans ce coffret d'autohypnose. Il vous permettra de pratiquer des séances d'hypnose sur vous-même. Son utilisation est très simple et surtout très libre.

Qu'est-ce que l'hypnose ?

L'hypnose est un état naturel dans lequel nous rentrons tous, plusieurs fois par jour. Symboliquement, c'est comme le mode pilotage automatique d'un avion : notre conscient laisse les commandes à l'inconscient pendant que le pilote est à l'arrière de l'avion, par exemple dans sa rêverie. Quand nous sommes « dans la lune », nous sommes en hypnose, et nous n'avons eu besoin de personne pour nous y mettre. Quand nous conduisons et que nous arrivons à destination en nous disant « je n'ai pas vu la route passer », nous étions en hypnose. Quand nous relisons plusieurs fois la même page d'un livre, parce qu'à chaque fois notre esprit divague, nous étions en hypnose. Quand nous sommes tellement absorbés par un film que nous en oublions notre canapé, nous sommes en hypnose.

Nous sommes donc très souvent en hypnose « sans le vouloir » consciemment, et ce coffret va vous permettre de vous mettre dans cet état modifié de conscience par la volonté.

L'hypnose permet d'accéder à l'inconscient, qui est une sorte de puissant ordinateur, obéissant à des programmes installés en nous depuis notre enfance. Nos premiers programmes sont des copies des programmes de nos parents et des autres personnes auprès desquelles nous avons grandi : enseignants, grands-parents, etc. Cet outil permet alors de faire une mise à jour de ces programmes, de trier ceux que nous souhaitons garder, ceux que nous souhaitons nuancer ou remplacer, et d'en installer de nouveaux.

C'est un peu comme si nous changions notre code de la route intérieur, pour modifier certains interdits, regards, ou transformer certaines culpabilités, croyances, peurs et habitudes.

En fait, l'hypnose permet d'ouvrir l'accordéon de nos possibilités, de nous offrir de nouvelles nuances et d'actualiser nos aspirations en fonction de la personne que nous sommes aujourd'hui.

Chacune des sept cartes « rituel d'autohypnose » vous permettra donc de vous mettre dans les conditions idéales pour que l'inconscient agisse. En suivant les instructions de ces rituels, vous allez naturellement vous mettre dans un état hypnotique : l'état modifié de conscience. Vous êtes en sécurité et pouvez sortir de cet état à tout moment, car vous êtes capable d'y entrer et d'en sortir seul.

L'HYPNOSE PAR LA LECTURE ?

L'hypnose passe habituellement par la voix, mais j'ai reçu en séances des personnes sourdes qui lisaient sur mes lèvres et ne pouvaient pas fermer les yeux. J'ai eu l'idée de leur proposer ma méthode sous forme écrite. Leurs séances ont très bien fonctionné, alors je me suis dit que cet outil pouvait être généralisé. Et cela fait maintenant plus de dix ans que des lecteurs utilisent mes séances d'hypnose écrites.

Pour atteindre l'inconscient avec l'hypnose, nous passons la barrière du conscient en nous concentrant sur quelque chose. Et justement, quand nous lisons, nous sommes déjà concentrés sur cette lecture. C'est donc un état qui est naturellement idéal pour faire des reprogrammations. L'inconscient va pouvoir installer de nouveaux programmes, accueillir nos émotions, trouver des équilibres, faire des réglages afin de trouver davantage d'épanouissement.

Vous aurez donc le plaisir de découvrir que les 33 autres cartes vous racontent des histoires. Celles de personnages ayant pris des décisions, ayant eu des déclics pour leur propre bonheur. Ainsi, vous vous placerez en tant que spectateur: vous observerez le héros de l'histoire, et c'est ce recul qui permettra à votre inconscient, dans les nuits suivant le tirage, de faire les réglages nécessaires à votre bonheur. Il prendra ce qu'il y a de bon pour vous, il nuancera les choses, les adaptera à votre histoire, d'autant plus qu'il est très doué pour y déchiffrer les messages positifs et bienveillants qui y sont cachés.

Une collaboration

Ce coffret est le fruit de différents talents: celui de l'illustratrice dont le style est empli de romantisme et de douceur. De l'auteure qui est praticienne et créatrice de l'hypnose SAJECE. De l'éditrice et de son équipe, qui, par leur expérience et leur ouverture d'esprit, ont eu l'idée de réunir nos talents dans cette cocréation.

Nous souhaitions que ces séances soient remplies de douceur, d'amour et de facilité. Il nous paraissait indispensable que vous gardiez votre libre arbitre, que rien ne soit figé, que votre avenir puisse être flexible. C'est la raison pour laquelle vous pouvez tout adapter à vos envies : les règles sont mouvantes et provisoires. Ce qui compte c'est que cela vous fasse du bien.

Vous pourrez utiliser ce coffret pour toutes sortes de situations et de différentes manières : vous êtes l'auteur de votre vie, c'est vous qui décidez.

Nous vous souhaitons beaucoup de joie à l'utiliser.

Règles possibles

Il existe plusieurs possibilités d'utilisation, que nous vous conseillons, et qui vont satisfaire la partie de vous qui aime être guidée, en fonction de vos envies et du temps que vous avez.

Si vous avez peu de temps

Vous pouvez tirer une carte « histoire », en lisant uniquement la phrase inscrite dessus.

Vous pouvez également lire l'histoire correspondante qui vous attend dans le livret, comme un message quotidien et inspirant, ou choisir d'écouter l'audio correspondant à la carte.

Si vous avez plus de temps

Installation

Commencez par placer une intention avant ce tirage de cartes ou posez-vous tout simplement une question.

Placez une carte «rituel d'autohypnose» devant vous. Puis piochez six cartes «histoires» au hasard, afin de les placer comme le dessin ci-contre.

Ces deux cartes «histoires» posées l'une devant l'autre symbolisent un chemin possible. Cela fait donc trois chemins possibles devant vous, en sachant qu'il en existe des milliers d'autres et que vous choisirez celui qui vous semble bon. Vous pourrez toujours faire demi-tour, avancer sur le côté, rester où vous êtes, changer d'avis ou faire autrement: vous êtes libre.

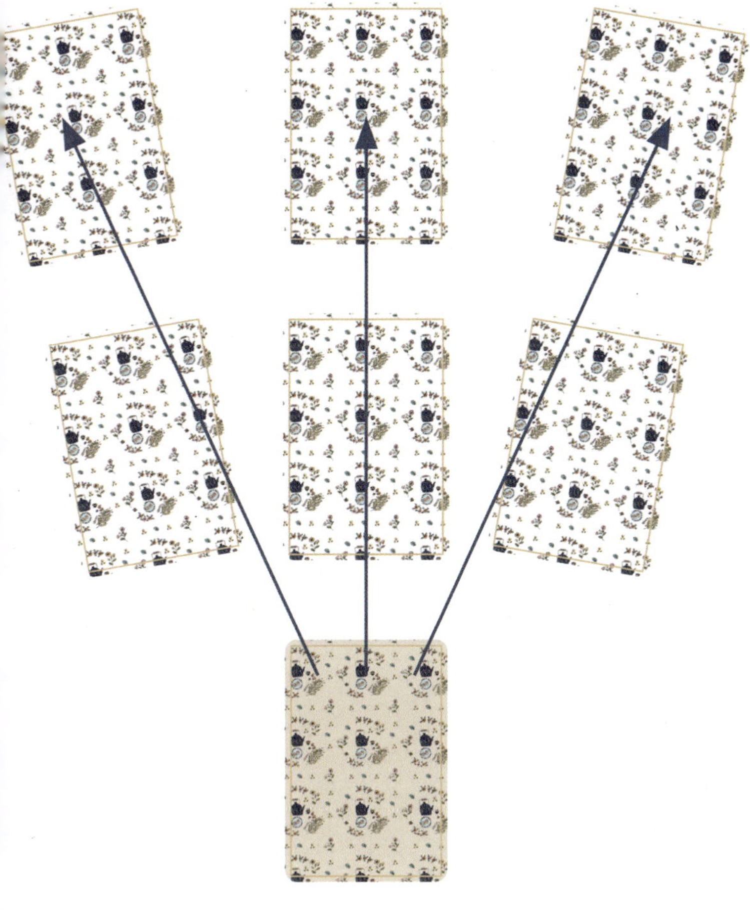

Déroulement

Commencez par suivre le rituel d'autohypnose placé devant vous: vous lisez l'explication, puis vous retournez la carte pour observer le dessin qui y correspond et vous concentrer dessus.

Ensuite, parmi les trois chemins, choisissez celui qui vous parle le plus ou qui vous intrigue le plus à cet instant précis.

Ensuite, rendez-vous dans le livret pour lire les deux histoires du chemin de vos cartes « histoires ».

Puis laissez agir, ou prenez de quoi noter, et écrivez ce que ces messages vous inspirent: est-ce que ça résonne en vous, et comment?

Vous pouvez également écouter la version audio des rituels et des cartes.

Bien sûr, vous êtes libre d'inventer les règles qui vous font du bien. Vous pouvez également utiliser ces cartes selon votre manière habituelle de faire vos tirages.

Les 7 cartes de rituel d'autohypnose

1. Le trou de serrure

Je vous invite à fixer ce trou de serrure, comme si la porte était si grande que vous n'aviez pas besoin de vous baisser pour regarder à travers. Car je ne sais pas si vous savez qu'en regardant par la serrure des grandes portes, on peut commencer à deviner toutes les grandes et belles choses qui vont pouvoir se présenter après. D'ailleurs, une partie de vous pourrait rester de ce côté de la porte, et une autre pourrait aller de l'autre côté, pour s'imprégner de tout le bonheur qui vous attend.

2. Le gribouillis

Je vous invite à prendre une feuille et un stylo, et à laisser votre main dessiner un gribouillis, tout en continuant à lire cette carte de rituel. Ce gribouillis peut former des cercles qui en se superposant peuvent, à leur tour, former des fleurs ou d'autres choses. Ce qui est intéressant dans cette expérience, c'est de laisser la concentration se focaliser sur le mouvement du stylo, sans forcément regarder le dessin lui-même, car c'est lui qui vous entraîne dans l'état hypnotique.

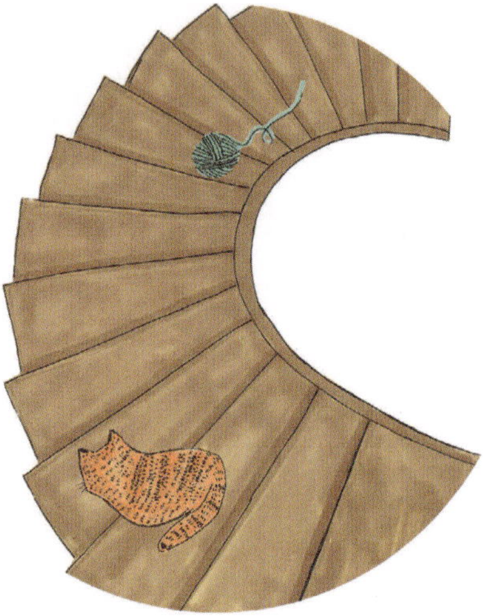

3. L'ESCALIER QUI DESCEND

Je vous invite à observer cet escalier comme un chat curieux, désirant savoir quelle joie vous attend en bas des marches. Une partie de vous pourrait ressentir de l'enthousiasme à l'idée de rencontrer ce merveilleux en vous. Là où des capacités extraordinaires attendaient d'être trouvées, pour s'autoriser à exister. Il existe plusieurs manières de les activer, et entrer en hypnose maintenant est un des moyens d'y arriver.

4. Le décompte de 10 à 1

Je vous invite à penser au nombre 10 et au chiffre 1. C'est facile d'aller de 10 à 01, puisqu'il suffit d'inverser les chiffres. Ou alors, on peut décompter! Un peu comme on décompte, avant le lancement de quelque chose: une fusée ou une nouvelle année. Et je ne sais pas si cela pourrait être annonciateur du lancement de votre vie idéale, mais nous pourrions imaginer ce qui se produirait si une partie de vous se laissait emmener en hypnose à 10, 9, 8, 7, 6, 5, 4, 3, 2, 1...

5. Le pont

Je vous invite à regarder ce pont, ou à en imaginer un autre, car je ne sais pas si vous savez que certains ponts invisibles apparaissent après un rituel d'autohypnose. Ils nous permettent d'avoir accès aux projets et objectifs qui nous attendaient de l'autre côté de la rivière. Un peu comme si de nouvelles possibilités s'offraient à ceux qui découvrent que leur inconscient peut œuvrer à sa manière. Et en le comprenant, il est très facile de rentrer en hypnose maintenant.

6. Le théâtre

Je vous invite à regarder ce rideau de théâtre, et même à en changer la couleur si vous préférez; à moins que celle-ci convienne à la partie de vous qui sait rentrer en hypnose facilement. Parce que finalement, quand le rideau s'ouvrira sur la scène, ce sera un peu comme si vous aviez vous-même activé cet état de conscience modifiée. Un phénomène très naturel, qui se produit de nombreuses fois dans la journée, comme un spectacle aux multiples représentations dans une année.

7. La bougie

Je vous invite à fixer la flamme de cette bougie, comme si elle était vraiment allumée, là, devant vous. Il est même possible que votre imagination soit si présente que la flamme se mette à bouger. Légèrement, pas forcément beaucoup, et cela pourrait n'être perceptible que par une partie de vous. J'ignore laquelle, bien que souvent, il s'agisse de l'inconscient. Et pendant que le conscient se concentre sur la flamme, vous pouvez vous autoriser à entrer en hypnose.

Les cartes « histoires »

IL A DÉCIDÉ D'ACCORDER AUTANT D'IMPORTANCE
À SES PENSÉES POSITIVES QU'À SES ACTIONS.

1

Histoire

C'est l'histoire d'un homme qui revenait d'un voyage au bout du monde. Là-bas, il avait rencontré toutes sortes de personnes aux vies très différentes. Et pourtant, elles avaient toutes un point commun : elles souhaitaient être heureuses.

Certaines y étaient arrivées, d'autres étaient sur le point de découvrir qu'elles l'étaient déjà, et d'autres de se souvenir qu'elles étaient naturellement douées pour ça. En observant les sourires qui s'installaient sur leurs visages, il avait pris conscience de quelque chose d'important: la pensée positive se mariait parfaitement avec le mouvement. Comme si l'un n'allait pas sans l'autre.

C'est la raison pour laquelle, en arrivant chez lui, l'homme décida de créer du mouvement dans son appartement. Il déplaça un objet et le mit à la place d'un autre qui se déplaça à son tour naturellement. Ce qui était incroyable, c'est que ce mouvement enclenchait quelque chose d'inconscient : c'est comme s'il venait de se donner la permission de faire autrement.

Il ne savait pas si c'était sa pensée, ce déplacement, ou les deux réunis, qui créaient une nouvelle situation dans sa vie. Mais il avait l'impression que la pensée positive ne suffisait pas toujours, et que les actions mises en place étaient idéales pour la compléter. Je ne sais pas si le fait qu'il ne soit sûr de rien lui permettait de sentir une plus grande liberté, mais quelque chose en lui semblait lui chuchoter que l'équilibre des deux était quelque chose de précieux.

Alors il se mit à trier ses affaires, il avait besoin de créer ce mouvement dans sa vie : faire sortir ce qui avait cessé de lui convenir, afin de faire de la place pour accueillir les belles choses que sa pensée et ses actions étaient sur le point de concrétiser.

Bien sûr, parfois, les actions et les conséquences ne sont pas liées, mais d'autres fois, les pensées et les actions doivent collaborer : il ne s'agit pas toujours de simplement positiver en attendant sur son canapé.

Et vous ?

Je ne sais pas quelle équation vous pourriez maintenant créer, en additionnant vos pensées positives et vos actions, pour obtenir la vie dont vous rêvez.

Je vous invite à imaginer, dans votre tête, ou à créer sur une feuille, un livre de concrétisation :

la concrétisation de votre vie idéale. Le livre est vierge. Vous pouvez écrire dessus quelles pensées et quelles actions vont pouvoir la rendre réelle.

Puis laissez agir quelques nuits, le temps que votre inconscient fasse ce qu'il faut pour votre bonheur.

Votre bel avenir

Je vous propose de vous imaginer dans quelques jours, heureux·se de ressentir que le bonheur s'est diffusé dans toute votre vie. Vos actions et vos pensées ont œuvré au service de votre épanouissement. Tout est devenu possible.

Elle a décidé d'ajouter à sa vie d'autres façons d'être heureuse.

Histoire

C'est l'histoire d'une femme qui aimait beaucoup s'asseoir à la terrasse d'un café pour observer les gens qui passaient. Elle aimait voir comment les autres s'y prenaient pour être heureux. Elle avait conscience qu'il y avait autant de manières de faire que d'humains sur terre, et cela lui faisait le plus grand bien de se dire que le bonheur était beaucoup plus large qu'on avait tendance à le penser.

Par exemple, la semaine passée, elle avait vu un homme arriver en retard et rater son train, puis appeler son patron pour le prévenir. Et à sa grande surprise, il avait ri. Oui, son patron avait certainement compris, et ils avaient préféré en rire.

Alors elle avait noté sur son carnet: « On peut aussi être heureux quand on rate son train. » Et à force d'observer des gens heureux dans des situations qu'elle aurait auparavant qualifiées de rédhibitoires au bonheur, elle sentait que son champ des possibles s'agrandissait. On pouvait être heureux dans bien plus de situations qu'elle ne l'aurait pensé. C'est un peu comme si elle avait réussi à agrandir son territoire de bonheurs possibles. Comme si en sautant en parachute, elle avait bien plus de chances d'atterrir en terre de bonheur.

Elle avait senti une sorte de confirmation que ce dernier pouvait prendre de nombreuses formes: le bonheur était impossible à définir, tellement il avait de nuances et de saveurs. Elle rendit donc le bonheur indéfinissable: elle lui rajouta tellement de façons possibles d'être heureux, que mille pages n'auraient pas suffi à sa définition dans le dictionnaire.

Elle pouvait être heureuse chaque jour dans toutes les situations et de différentes manières, que les journées soient ordinaires ou extraordinaires. Finalement, elle avait l'impression que le bonheur était un peu comme un soleil, toujours présent, même si des nuages passent devant.

Et vous ?

Je me disais que vous aussi, vous pourriez imaginer une carte sur laquelle il y aurait un territoire, un peu comme une région, qui symboliserait le bonheur. Vous pouvez prendre mentalement de quoi colorier dans la même couleur, pour agrandir ce territoire de bonheur. Vous pouvez déborder de la limite actuelle pour étirer le bonheur à de nombreuses nouvelles possibilités.

Vous vous autorisez à être heureux·se dans un maximum de situations: vous pouvez être heureux·se seul·e ET accompagné·e, vous pouvez être heureux·se immobile ET en mouvement, vous pouvez être heureux·se en hiver, au printemps, en été ET en automne, vous pouvez être heureux·se le jour ET la nuit! Libre à vous de colorier un maximum de situations, il est même possible que votre territoire soit plus grand que le monde. Vous décuplez vos possibilités d'être heureux·se.

Votre bel avenir

Je vous propose de vous imaginer dans quelques jours, heureux·se de multiples façons. Quoi qu'il arrive, vous atterrissez dans votre territoire de bonheur et vous pouvez le laisser s'agrandir jour après jour. Tout est devenu possible.

ELLE A DÉCIDÉ DE FAIRE SAUTER
SES BLOCAGES INCONSCIENTS EN COMBLANT
LES BESOINS DE TOUTES SES FACETTES.

Histoire

C'est l'histoire d'une femme qui venait d'entrer dans une boutique à la recherche d'un miroir. Il y avait beaucoup de choix et elle hésitait entre deux modèles qui étaient superbes. Bien sûr, elle aurait pu choisir de ne pas choisir et prendre les deux, mais finalement, elle s'était décidée pour un troisième, qu'elle n'avait pas vu en arrivant, comme si une nouvelle possibilité s'était créée.

Elle discutait avec la vendeuse de la pluie et du beau temps, puis des rêves de chacune. Lorsque la vendeuse lui dit que son rêve ultime serait d'ouvrir une boutique plus grande dans sa ville natale, mais que toutes ses tentatives avaient échoué, la femme au miroir sembla deviner que le mot « ultime » était peut-être le responsable de ses échecs.

Alors, elle osa lui poser une question : « Excusez-moi, mais si c'est votre rêve ultime, cela signifie que c'est le dernier, qu'il n'y en aura pas d'autres après ?

— Disons que si je l'atteins, je serai définitivement heureuse, j'aurais atteint le top du top.

— Hum, dans ce cas, peut-être qu'une partie de vous s'arrange pour ne pas l'atteindre parce qu'elle craint qu'il n'y ait plus rien après, que ce soit la fin des choses : la mort. Vous devriez peut-être essayer de prévoir d'autres rêves à atteindre après celui-là ; ainsi, il ne serait plus le dernier et vous pourriez l'atteindre en toute sécurité. La partie de vous qui a peur de la mort serait alors rassurée ! »

Et la femme au miroir rentra chez elle, avec en plus de son achat, une merveilleuse prise de conscience : les mots qu'on utilise sont souvent révélateurs des fonctionnements inconscients.

Puis, elle accrocha le miroir dans son salon, après avoir donné un coup de marteau dedans, formant ainsi plusieurs petits miroirs collés les uns aux autres, afin de se rappeler toutes les facettes en elle. Elle souhaitait être davantage à leur écoute, pour les accueillir toutes. Elle savait que la clé pour faire sauter les blocages inconscients, c'était de répondre aux besoins de toutes ses facettes.

Et vous ?

Je vous invite à imaginer un miroir dans lequel vous vous regardez. Et je ne sais pas si vous pourriez passer un peu de produit et un chiffon pour le nettoyer et vous voir apparaître d'une manière nouvelle, parce que vous vous regardez autrement. Peut-être avec plus de bienveillance.

Est-ce que vous apercevez toutes vos facettes ? Est-ce que vous entendez leurs besoins ?

Toujours est-il que les mots que vous utilisiez jusqu'à présent peuvent aussi changer. Que ce soient ceux pour vous décrire ou pour parler de votre vie. Vous pourriez ainsi faire sauter tout ce qui vous empêchait de concrétiser vos rêves, tout en comblant les parties de vous qui avaient besoin de l'être.

Votre bel avenir

Je vous propose de vous imaginer dans quelques jours, heureux·se de constater que vos rêves se réalisent et que la vie continue, même une fois concrétisés, car d'autres viennent prendre le relais. Tout est devenu possible.

ELLE A DÉCIDÉ DE SE FÉLICITER
POUR TOUTES LES CHOSES DÉJÀ MISES EN PLACE
PAR AMOUR POUR ELLE-MÊME.

HISTOIRE

C'est l'histoire d'une femme qui aurait pu croire qu'elle n'avait pas la main verte, parce qu'il y a longtemps, on lui avait offert une plante, et que cette dernière n'avait pas survécu au-delà d'une semaine. Elle aurait pu penser que c'était sa faute, mais après quelques recherches, il s'était avéré que la plante était porteuse d'une maladie, avant même qu'elle n'arrive dans son salon. Elle s'était consolée en se disant qu'elle lui avait permis de passer sa dernière semaine dans une ambiance *cosy* et joyeuse.

Cependant, cette première plante avait été comme un déclic à l'envie de faire entrer de la nature chez elle, et elle s'était mis à en acheter plusieurs qu'elle avait installées en fonction de leurs besoins, dans différents endroits de son appartement.

Certaines demandaient plus de lumière ou d'eau que d'autres: elle avait très vite remarqué que chaque plante avait sa propre manière d'être, et qu'il ne fallait pas toujours se fier aux recommandations des livres de jardinage. Observer la plante, toucher la terre était, selon elle, plus sûr pour bien s'en occuper. Elle s'était prise au jeu et avait passé beaucoup de temps à prendre soin de toutes ses plantes. Cependant, malgré toute son attention, il arrivait que certaines se portent mieux que d'autres, et elle avait refusé de porter de la culpabilité, car elle faisait du mieux qu'elle pouvait. Elle préférait se féliciter de ce temps qu'elle leur accordait. Parce que je peux vous dire qu'elle les aimait, ses plantes : elle leur avait même mis une fleur de vie sous le pot et des mots d'amour autour. Et puis un jour, une amie était venue la voir et lui avait dit : «C'est incroyable tout cet amour que tu te donnes.

— Tout cet amour que je me donne ? Non, je le donne à mes plantes, je n'ai pas de temps pour moi : je ne fais rien pour moi, je m'oublie, je prends soin d'elles et pas de moi.

— Bien sûr que si, tu fais ça pour toi. Sinon tu ne le ferais pas. Si tu t'occupes des plantes, c'est que ça te fait du bien : ça embellit ton intérieur, ça te vide la tête quand elle est pleine de tracas, ça te fait te sentir utile, ça te reconnecte à la nature... Bien sûr que ça leur profite, mais ça te fait du bien à toi aussi.»

Elle n'avait jamais vu les choses ainsi : en fait, elle prenait soin d'elle à travers le soin qu'elle apportait aux plantes.

Et vous ?

Je ne sais pas si vous aviez conscience de cela, mais vous vous aimez déjà... Chaque chose que vous avez mise en place dans votre vie, c'était par amour pour vous, même quand vous pensiez vous oublier... Prendre soin des autres, cela vous faisait du bien à vous aussi. Et vous pouvez vous déculpabiliser quand vous offrez du temps aux autres ou quand vous en prenez pour vous. Tout est OK, savourez simplement votre choix du moment.

Votre bel avenir

Je vous propose de vous imaginer dans quelques jours, heureux·se de constater que vous vous aimez très fort, quoi que vous fassiez, c'est un choix d'amour. Et votre avenir vous sourit. Tout est devenu possible.

ELLE A SUPPRIMÉ LA NOTION DE MÉRITE
À FAIRE LES CHOSES SEULE POUR ACCUEILLIR
LA SYNERGIE HUMAINE.

Histoire

C'est l'histoire d'une femme qui aimait les gens et leurs talents. Elle était convaincue qu'il y avait du génie dans chacun.

Elle venait d'arriver dans sa maison de famille au bord de la mer.

Enfant, elle y avait passé tous ses étés et s'y était beaucoup amusée avec ses cousins, qui aimaient bien la taquiner. Aujourd'hui, justement, tout le monde s'y réunissait pour fêter les 50 ans de mariage de leurs grands-parents. Nous étions au printemps, il n'y avait pas de vent, et après le déjeuner, toute la famille décida d'aller sur la plage comme lorsqu'ils étaient enfants.

Elle emporta avec elle un seau et une pelle, alors qu'elle était adulte aujourd'hui. Mais elle n'avait jamais eu besoin d'abriter la petite fille qu'elle avait été pour s'autoriser à continuer de s'amuser. Il n'y avait pas d'âge pour mettre ses mains dans le sable et bâtir un château. D'ailleurs, bâtir, elle savait faire : c'était son métier, et son cabinet d'architecte connaissait un grand succès. Et même si ce n'étaient pas les châteaux de sable de son enfance qui avaient installé ce programme en elle, elle était devenue douée.

Puis un de ses cousins la taquina comme au bon vieux temps: «Tu ne veux pas nous faire les plans, pour que l'on construise le château à ta place? On ne voudrait pas que tu te salisses les mains. Tu as plutôt l'habitude de faire faire, que ce soient tes bâtiments, ta comptabilité ou tes courses. Tu n'as pas trop de mérite en fait, toi, tu fais juste les plans et les listes, pour faire faire aux autres.»

Elle sourit et lui répondit: «Tu as raison, je préfère utiliser la synergie des talents de chacun plutôt que de faire les choses seule: on pourrait le fabriquer tous ensemble, ce château. Il serait certainement encore plus extraordinaire que si je l'avais fait sans vous. Viens, tu pourrais construire la tour de la taquinerie, ça serait drôlement original, ça mettrait du fun et de l'humour!»

Et son cousin comprit que le mérite solitaire était obsolète: la collaboration était tellement plus réjouissante.

Puis une autre prise de conscience se présenta à lui. Il faut dire que la réussite de sa cousine était un de ses sujets de taquinerie préférés, mais il comprit que lorsqu'on taquine ou critique les gens qui ont réussi, une partie de soi s'arrangera pour ne jamais devenir comme eux! Et donc ne jamais réussir, pour ne jamais être critiqué ni rejeté par les autres.

Ce jour-là, il réalisa que les critiques faites aux autres sont comme des panneaux sens interdit qu'on place sur sa propre route : on ne devient pas ce que l'on critique, il est préférable de l'aimer pour s'autoriser à le devenir.

Et vous ?

Je ne sais pas s'il vous est arrivé de déposer vous-même des panneaux de sens interdit sur votre chemin, mais vous pouvez décider de faire sauter tous ceux que vous voulez. Pour être libre d'aller où bon vous semble ! Vous pouvez même vous autoriser à collaborer, à vous faciliter la vie en utilisant la synergie.

Votre bel avenir

Je vous propose de vous imaginer dans quelques jours, heureux·se de constater que vous êtes libre de concrétiser vos rêves et que vous vous autorisez à collaborer, à déléguer, en arrêtant de vous obliger à faire des efforts ou à endurer des souffrances pour mériter. La douceur s'est installée dans votre vie. Tout est devenu possible.

Elle a décidé d'aller bien,
quoi qu'il arrive.

Histoire

C'est l'histoire d'une personne comme vous et moi, c'est-à-dire merveilleuse. Elle était toujours la première à vouloir tester les choses qu'elle ne connaissait pas: prête à apprendre une nouvelle compétence.

Après avoir suivi un atelier dans une grande enseigne de bricolage, elle avait décidé de bricoler chez elle. Elle savait que parfois on reste sur la croyance qu'on ne sait pas faire quelque chose, alors qu'il suffit d'apprendre. Elle avait donc décidé de décristalliser la croyance en elle qu'elle ne savait pas bricoler, en apprenant à le faire. Car je ne sais pas si vous le savez, mais si une croyance est figée dans le temps, le meilleur moyen de la défiger est de se mettre en mouvement et d'aller vers un professeur pour apprendre, ou bien faire autrement.

Elle était donc prête à installer elle-même sa cuisine aménagée. Et elle le savait, si elle en avait besoin, des tutoriels sur Internet lui permettraient de trouver des solutions à toute difficulté.

Alors que tout se déroulait parfaitement, elle réalisa qu'elle était douée pour bricoler. Ce qu'elle n'avait pas prévu, c'est qu'elle allait mettre beaucoup moins de temps qu'elle ne le pensait : elle qui avait posé une semaine de congé, se retrouvait sans plus rien à faire.

Elle décida donc de savourer ces journées « cadeaux » pour étrenner sa cuisine. Et elle se mit à faire des pâtisseries : elles étaient plutôt réussies, alors qu'elle n'avait jamais suivi de cours. C'était amusant à faire, même si cela ne deviendrait pas sa passion. Elle y avait pris du plaisir sur le moment et c'était tout ce qui comptait.

Quelques jours plus tard, lorsque ses amis vinrent dîner, tout le monde la félicita pour ce qu'elle avait fait.

Ce qui n'était pas prévu non plus, c'est qu'elle fut obligée de mettre ses amis à la porte en douceur tellement ils se sentaient bien chez elle : ils n'avaient plus envie de partir.

Je ne sais pas si vous voyez là où je veux en venir, mais parfois, on n'a pas prévu quelque chose et ça se passe bien quand même et, parfois, même si ça ne se passe pas comme on le voudrait, on peut aller bien quand même.

Et c'était justement son choix, d'aller bien quoi qu'il arrive.

Et vous ?

Je me disais que vous aussi, vous pourriez actionner les meilleures stratégies pour aller bien quoi qu'il arrive.

Pour cela, je vous invite à imaginer que vous avez en vous des experts en stratégies, auxquels vous pouvez faire appel chaque fois que vous en aurez besoin.

Votre bel avenir

Je vous propose de vous imaginer dans quelques jours, heureux·se dans n'importe quelle situation, parce que vous avez décidé d'aller bien quoi qu'il arrive, que les choses se déroulent comme vous l'aviez prévu ou non, vous surfez sur toutes les situations. Ayez confiance en vos similitudes avec les caméléons. Tout est devenu possible.

IL A DÉCIDÉ D'INCLURE SES RESSEMBLANCES DANS SA SINGULARITÉ.

Histoire

J'aimerais vous raconter l'histoire d'un homme qui avait récupéré un vieil appareil photo argentique ayant appartenu à son père. Il prenait beaucoup de plaisir à photographier les personnes qui étaient dans la rue et à développer lui-même les négatifs.

Un jour, il avait pris en photo à deux semaines d'intervalle, au même endroit, deux personnes différentes avec le même manteau. Toutes deux donnaient la main à un enfant différent.

Il avait placé les photos côte à côte et avait remarqué que lorsqu'il ne s'agissait pas de sa propre comparaison, il réussissait à comparer les gens jusqu'au bout: d'abord le caractère unique de l'un, puis celui de l'autre, et enfin leurs ressemblances. D'ailleurs, sur ces photos, il voyait: 1) que la brune était plus souriante que la rousse; 2) que la rousse semblait plus rêveuse que la brune; 3) que les deux avaient l'air très sympathiques.

Il ne s'était pas arrêté au premier tiers de la comparaison: «La brune est plus souriante.» Sinon la rousse aurait perdu son côté rêveur et son air sympathique.

Alors que lorsqu'il se comparait lui-même, il ne le faisait pas complètement, il s'arrêtait à l'étape 1 et ne regardait que ce que l'autre était et qu'il n'était pas. Il oubliait l'étape 2: voir tout ce que lui était et que l'autre n'était pas. Et surtout, il oubliait l'étape 3, c'est-à-dire valoriser leurs ressemblances.

Est-ce que vous saviez que la plupart des gens qui se comparent s'arrêtent au premier tiers? En ne retenant que ce qu'ils ne sont pas et que l'autre est!

D'ailleurs, la comparaison mène parfois à l'envie ou à la jalousie, et on pourrait voir cette dernière comme la croyance que l'autre nous a pris quelque chose! Heureusement, un jour comme aujourd'hui, nous pouvons comprendre que l'autre ne nous a rien pris, et que nous pouvons tous avoir notre part. Le gâteau se multiplie à l'infini en fonction du nombre de mangeurs de gâteaux. Et nous pouvons simplement arrêter de faire des efforts pour être différents, car même avec nos ressemblances, nous sommes différents naturellement.

ET VOUS ?

Je me disais que vous aussi, vous pourriez vous comparer jusqu'au bout pour aimer autant vos différences que vos ressemblances. Parce que votre singularité ne se compose pas uniquement de vos différences, elle tient compte aussi de vos ressemblances et de la combinaison unique de l'ensemble. Et peut-être que vous pourriez faire maintenant l'inventaire de toutes vos différences et ressemblances, pour découvrir à quel point vous êtes unique et exceptionnel.

Vous savez parfois, on se sent différent des autres, comme si les autres étaient tous les mêmes, alors qu'en réalité, tous les autres sont différents.

Donc on peut dire «Je suis différent d'un autre», mais on peut arrêter de croire qu'on est seul face à tous les autres.

Votre bel avenir

Je vous propose de vous imaginer dans quelques jours, heureux·se de vos différences et de vos ressemblances, prenant plaisir à être à votre place: une place qui vient avec vous partout où vous allez. Oui, vous avez votre place partout et tout est devenu possible.

Elle s'est donné la permission d'abandonner
ce qui avait cessé de lui convenir.

Histoire

C'est l'histoire d'une femme qui depuis toute petite était très rêveuse. Elle n'était pas que ça, elle ne l'était d'ailleurs pas 100 % du temps, mais elle l'était souvent. Son dernier rêve en date était d'apprendre à jouer du piano. Elle s'était donc inscrite à des cours, car elle ne faisait pas que rêver, elle posait également les actions qui allaient tout concrétiser.

Seulement, depuis quelque temps, elle avait moins envie d'y aller. Elle savait bien que le plaisir était plus grand une fois qu'on savait jouer, mais elle devinait qu'une fois que ce serait le cas, ça ne la comblerait pas.

Vous savez, un peu comme quand après avoir fréquenté une personne plusieurs mois, on a deviné qu'on ne serait pas vraiment heureux ensemble sur le long terme. Et je ne sais pas si vous avez remarqué que, parfois, on se donne la permission d'interrompre une relation, quand on réalise que ce n'est pas la bonne personne, bien que cette personne soit adorable. Mais on se donne moins souvent la permission d'abandonner un rêve. On attend parfois que les choses fassent souffrir pour s'autoriser à le faire.

Cependant, dans mon histoire, cette femme s'était autorisée à changer de rêve. Elle avait remercié celui-ci d'avoir existé et décidé d'en concrétiser un autre. Parfois, on persévère dans quelque chose de bon pour soi, et parfois on s'acharne dans quelque chose qui ne l'est pas. Et c'est important de percevoir la nuance entre les deux.

Elle, elle s'était autorisée à rompre une vieille promesse, un vieil engagement envers un rêve, et s'était tournée vers le yoga : c'est à cette activité qu'elle aspirait le plus à ce moment-là. Elle le savait, rien n'était figé, à tout moment elle pourrait s'autoriser à arrêter. Et même à reprendre une ancienne activité : elle se donnait la permission de changer d'avis et d'envie, et même d'en vivre plusieurs en simultané, si elle en ressentait le désir.

Et vous ?

Je ne sais pas si vous vous êtes déjà autorisé·e à abandonner les choses qui ont cessé de vous convenir, ce que je sais, c'est qu'un jour comme aujourd'hui, vous pouvez appuyer sur le bouton « mise à jour » de votre inconscient, pour faire le tri dans ce que vous voulez conserver ou abandonner.

Et parfois, on confond abandonner un enfant et un projet, et on s'est interdit d'abandonner un enfant, mais aucune promesse ne peut nous empêcher d'abandonner un projet. On peut même s'autoriser à abandonner quelque chose qu'on aime, quand on désire offrir son temps à une autre activité. Et on peut se souvenir qu'on a le choix de faire vivre ces choses, durablement ou provisoirement.

VOTRE BEL AVENIR

Je vous propose de vous imaginer dans quelques jours, heureux·se d'avoir fait du tri dans ce qui vous convient et ce qui a cessé de vous convenir. Vous avez peut-être même retrouvé des choses qui avaient cessé de vous correspondre un temps, et qui à nouveau vous combleraient. Vous vous êtes donné la permission de ne pas aller au bout des choses parfois, et de vous réjouir d'y parvenir les autres fois. Tout est devenu possible.

Elle a décidé qu'une journée parfaite
n'était pas forcément
une journée extraordinaire.

Histoire

C'est l'histoire d'une femme qui vivait des journées parfaites. Chaque jour, elle faisait ce qu'elle aimait. Bibliothécaire de métier, elle prenait plaisir à proposer des livres adaptés aux envies des lecteurs. Elle savait pertinemment que chaque livre avait le pouvoir d'apporter une vision nouvelle du bonheur à celui qui le lisait.

Le midi, elle déjeunait avec des amies qui travaillaient dans le même quartier. Chacune avait un métier qui lui convenait et des passions à côté. D'ailleurs, sa passion à elle, c'était d'écrire. Elle le faisait en dehors de son travail : un jour sûrement, elle enverrait ses manuscrits à un éditeur.

Elle aimait la polyvalence de ses journées. Elle sentait que toutes ses facettes étaient ainsi comblées.

À 17 h 30, elle rentrait chez elle à vélo, et prenait plaisir à regarder toute la vie autour d'elle.

En arrivant, elle prenait parfois un bain et allumait quelques bougies en attendant son mari. Elle prenait soin de combler le besoin de ne pas consommer trop d'eau de sa partie écolo et le besoin de bien-être de sa partie qui adorait se prélasser dans un bain chaud. Elle arrivait à trouver un équilibre qui lui permettait de respecter ses valeurs.

Dans son quotidien, elle ne faisait rien d'extraordinaire : elle ne rencontrait pas de star, n'habitait pas dans un château, n'escaladait pas le Kilimandjaro, mais son quotidien ordinaire la rendait heureuse.

Il faut dire qu'elle avait décidé, il y a longtemps, d'être heureuse dans l'ordinaire comme dans l'extraordinaire.

Ce soir-là, quand son mari rentra, il lui avait préparé une surprise : un voyage pour son anniversaire. Et elle était très heureuse de cela, d'autant plus qu'il lui proposa un séjour mêlant l'ordinaire et l'extraordinaire : ils allaient visiter leur propre ville de manière insolite. Il avait prévu de lui faire découvrir des lieux improbables et inconnus, au cœur de leur zone connue. Et parfois, on visite une autre ville de manière ordinaire. Et finalement, le bonheur se trouve partout.

Et vous ?

Je ne sais pas si vous avez le souvenir d'une journée ordinaire parfaite: par exemple, une journée passée sur le canapé avec une personne qu'on aime et à regarder une série... Ce que je sais, c'est qu'on passe parfois la majorité de son temps à courir après l'extraordinaire, alors que l'ordinaire contient autant de graines de bonheur.

Et peut-être pourriez-vous penser à ce qu'est une vie heureuse? N'est-ce pas tout simplement une vie remplie de journées parfaites, qu'elles soient ordinaires ou extraordinaires?

Votre bel avenir

Je vous propose de vous imaginer dans quelques jours, heureux·se de vivre autant l'ordinaire que l'extraordinaire. Remarquez comme les journées parfaites sont beaucoup plus nombreuses que vous ne le pensiez... Tout est devenu possible.

ELLE A DÉCIDÉ D'ARRÊTER DE VOULOIR CHANGER
ET D'AIMER CE QU'ELLE ÉTAIT DÉJÀ.

Histoire

C'est l'histoire d'une femme qui revenait d'un entretien d'embauche. Elle avait porté la tenue appropriée pour être hôtesse d'accueil dans une grande entreprise: un tailleur, des chaussures à talons et un chignon.

Mais on l'avait priée de revenir le lendemain, en s'habillant comme elle le souhaitait, tel qu'elle se sentait bien.

Je ne sais pas si le patron avait remarqué qu'elle n'avait pas l'habitude de marcher avec des talons, mais il lui avait dit: «J'aimerais rencontrer celle que vous êtes, pas celle que vous croyez devoir être.»

Elle revint donc le lendemain, avec les cheveux détachés et une robe à fleurs, comme elle aimait en porter.

Et le patron l'interrogea sur ses qualités. Surprise qu'il ne pose qu'une seule question, elle lui demanda s'il souhaitait aussi connaître ses défauts. Et il sourit en lui disant: «Oui, je serais curieux de savoir quelles sont les parties de vous que vous jugez non convenables.»

Alors elle lui cita trois défauts: «Je suis timide, lente et perfectionniste.»

Et il lui répondit: «C'est génial, vous êtes observatrice, vous faites les choses à votre rythme parce que vous avez à cœur de bien les faire.

— Mais vous avez réponse à tout! Qu'auriez-vous répondu si je vous avais dit que je procrastinais, que j'étais flemmarde et toujours en retard?

— Je me serais dit que c'était génial, que vous étiez une personne qui faisait les choses avec le cœur, avec facilité, et qui gérait bien son temps, pour ne jamais en perdre à attendre.

— Donc pour vous, tous les défauts sont des qualités?

— Non, pour moi, tout ce qu'on appelle "défaut" n'en est pas un...»

Et c'est comme cela qu'elle a décidé d'aimer ce qu'elle était déjà et d'accueillir toutes les parts d'elles convenables ou non. Elle a compris que ce qui nous rend malheureux n'est pas ce que nous sommes, mais c'est de croire que nous devrions être autrement.

Elle a commencé à se regarder avec une nouvelle bienveillance et s'est aimée dans sa globalité, comprenant que ces parties, appelées défauts, étaient des membres de son équipe œuvrant pour son bonheur. Elle a même regardé sa vie autrement, elle n'était plus sûre de vouloir la changer finalement, car elle s'y plaisait déjà.

Et vous ?

Je ne sais pas si vous pourriez ouvrir la porte de votre cœur, pour accueillir toutes les parties de vous, même celles qui ne vous semblent pas convenables, pour qu'au lieu de crier, elles puissent prendre leur juste place. Comme si vous deveniez un être aux mille et une nuances.

Votre bel avenir

Je vous propose de vous imaginer dans quelques jours, heureux·se d'aimer ce que vous êtes, tout ce que vous êtes, avec toutes vos nuances. Votre vie est plus douce. Tout est devenu possible.

ELLE A DÉCIDÉ DE TROUVER UN ÉQUILIBRE
ENTRE SE CONTENTER DE CE QU'ELLE A
ET VOULOIR TOUJOURS PLUS.

Histoire

C'est l'histoire d'une femme, qui, comme chaque année, s'offrait son propre cadeau d'anniversaire. Elle avait pris l'habitude de le faire, depuis très longtemps, car son père, qui la connaissait si peu finalement, préférait lui donner un billet pour qu'elle s'achète ce qu'elle voulait, plutôt que de se tromper. Je crois qu'il s'était suffisamment trompé comme ça et qu'il voulait vraiment lui faire plaisir. Elle était en paix avec son absence, elle avait deviné depuis longtemps qu'il n'avait pas cherché à la blesser volontairement et qu'il avait préféré fuir plutôt que d'être un mauvais parent.

Elle avait compris que son intention était bonne, et qu'il avait confiance en la femme qu'il avait choisie pour devenir la mère de ses enfants. Il savait qu'elle leur apporterait la stabilité et l'équilibre qu'il s'était révélé incapable de leur donner.

Aujourd'hui, elle avait 33 ans, et ce cadeau était un peu particulier : il ne contenait qu'une moitié.

C'est le vendeur qui le lui avait conseillé, car elle n'arrivait pas à se décider entre « être déjà heureuse de ce qu'elle avait » et « désirer plus ». Elle avait entendu dire que le bonheur c'était de se contenter de ce qu'on avait, mais en même temps, elle sentait qu'une partie d'elle aspirait à autre chose. Le vendeur lui avait alors expliqué que les deux pouvaient rendre heureux, et que l'équilibre des deux le permettait encore mieux.

Il avait conclu en disant: «Je vous souhaite d'avoir assez: assez d'amis, assez d'argent, assez de joie, assez d'opportunités, assez d'émerveillement.»

Et elle avait trouvé qu'«assez» était finalement le mot idéal pour apprécier quand elle avait assez et pour s'autoriser à souhaiter plus quand elle n'en avait pas assez. Il venait, sans le savoir, de lui offrir la possibilité de faire des mises à jour quotidiennes dans ses envies, afin d'avoir toujours assez. Elle pourrait les actualiser aussi souvent qu'elle le souhaiterait.

Et vous ?

Peut-être que vous aussi, vous pourriez trouver l'équilibre qui vous convient entre «vous contenter de ce que vous avez» et «vous autoriser à désirer autre chose»? Comme si vous pouviez placer le curseur au bon endroit, peut-être au niveau de l'«assez», ou ailleurs, c'est vous qui décidez. En sachant que vous pourrez déplacer ce curseur chaque fois que vous le souhaiterez.

Votre bel avenir

Je vous propose de vous imaginer dans quelques jours, heureux·se de ce que vous avez déjà et, en même temps, recevant de nouveaux cadeaux de la vie. Comme si la gratitude et la loi d'attraction cessaient d'entrer en opposition pour vous combler à chaque instant. Voyez également que votre bonheur se décuple avec les autres. Tout est devenu possible.

Elle a décidé qu'il était l'heure
d'être le bon moment.

Histoire

C'est l'histoire d'une artiste qui avait hérité du coucou de sa grand-mère, une femme d'une grande sagesse. Quand ce coucou sortait, ce n'était pas pour lui dire l'heure qu'il était, puisque les aiguilles ne tournaient jamais, mais pour lui rappeler qu'il était toujours l'heure d'être l'instant présent.

À chaque fois que le coucou sortait, cela annonçait que c'était le bon moment pour faire les choses qui lui plaisaient maintenant.

Depuis toute petite, sa grand-mère lui avait appris à trier ses envies. Aujourd'hui, elle savait que certaines appartenaient au passé, d'autres au futur, et elle reconnaissait celles qui avaient besoin d'exister maintenant. Elle n'avait pas spécialement d'astuce pour les identifier, je crois qu'elle se donnait simplement l'autorisation de mettre certaines choses en pause, quand c'était le bon moment d'accueillir autre chose.

Elle savait que c'était la multitude d'activités qu'on souhaitait caser dans une journée qui donnait l'impression de manquer de temps. Comme si on risquait de rater quelque chose. Elle préférait être un gourmet en matière d'activités: d'en choisir peu, pour avoir le temps de les savourer.

Elle se faisait confiance, même si des doutes étaient toujours présents, pour s'assurer de sa décision. Car je ne sais pas si vous savez que les doutes nous permettent de nous autoconfirmer les choses. Ils sont comme des journalistes en train de nous interviewer en tant que politique en campagne. Pour être sûrs que nous ne changerons pas d'avis, de pensée, ils vérifient si nous continuons à avoir le même discours sur plusieurs jours, pour savoir si nous allons bien suivre le programme annoncé.

Comme si les réponses que nous donnions nous permettaient de mieux nous comprendre nous-mêmes. Car en expliquant une pensée à une autre personne, cette pensée devient plus claire pour soi.

Donc les doutes permettent finalement à toutes les parties de nous de s'exprimer, de voter pour prendre des décisions à l'unanimité. Et c'est important pour nos peurs de savoir qu'elles ont été entendues et que nous en tiendrons compte dans nos projets.

Ce qui était joyeux avec cette artiste, c'est qu'elle passait l'essentiel de ses journées dans l'instant présent et qu'elle évitait de tomber dans le piège de s'interdire de penser au futur ou au passé. Elle était bienveillante avec ces parties d'elle qui vivaient hors du temps présent, par moments. Et c'était OK de ne pas être toujours dans l'ici et maintenant.

Et vous ?

Que diriez-vous de laisser de la place aux choses qui ont envie d'exister dans le présent et de mettre de côté d'autres choses, qui peuvent être en pause provisoirement, ou d'y renoncer définitivement, ou de les faire cohabiter ? En fait, tout est possible, du moment que vos choix vous font du bien.

Votre bel avenir

Je vous propose de vous imaginer dans quelques jours, heureux·se de vous voir saisir l'instant présent, pour vivre les meilleures choses au bon moment. Voyez que vos doutes sont dans votre camp et qu'ils vous aident tout simplement à valider vos choix. Votre vie est géniale. Tout est devenu possible.

IL A DÉCIDÉ DE TROUVER L'ÉQUILIBRE ENTRE
SON BESOIN DE LIBERTÉ ET SON BESOIN DE RÈGLES.

Histoire

J'aimerais vous raconter l'histoire d'un homme qui avait fait une constatation un peu étrange. Il avait remarqué que malgré son grand besoin de liberté, l'humain avait aussi besoin d'être guidé. C'est certainement la raison pour laquelle les personnes étaient de plus en plus nombreuses à acheter des guides en tous genres, pour savoir quoi faire en fonction des critères dans lesquels elles étaient rentrées.

Car je ne sais pas si vous savez que certains critères sont comme des vêtements trop serrés, qu'on s'oblige à porter, pour éviter de se sentir n'appartenir à rien.

Et c'était assez surprenant de voir que certaines personnes arrachaient leurs chaînes pour aller s'attacher elles-mêmes ailleurs.

Il avait compris que l'illimité pouvait faire peur, et que c'était parfois plus reposant d'être guidé. Par exemple, une étude avait montré que certains clients dans les grandes surfaces se retrouvaient paralysés devant ces choix illimités de yaourts en tous genres. Ils avaient besoin qu'on leur réduise ces choix, car cela leur demandait beaucoup d'énergie de se décider. Ils préféraient consacrer cette énergie à savourer leur vie et surtout à s'amuser.

Il avait donc commencé à écrire un manuel de bonheur, différent de ceux qu'on pouvait trouver ailleurs: il ne donnait aucune injonction du style «il faut méditer, il faut se lever tôt, etc.». Il avait même décidé de supprimer l'injonction «il faut que» et de remplacer cette expression par «il me plaît de». C'était important pour lui, que chacun s'écoute et fasse comme il en avait envie.

Par exemple, il avait remarqué que des gens qui adoraient être débordés se culpabilisaient de l'être, parce qu'il était soi-disant plus convenable de prendre du temps pour soi. Lui, il invitait chacun à aimer sa nature, à l'accepter. Il trouvait qu'on se torturait en cherchant à résister, à lutter contre ce qui convenait.

D'ailleurs, dans son manuel, il rappelait l'importance de se souvenir que nous fonctionnons tous différemment.

Et ce qui était amusant, c'est que son livre était un livre à trous: les phrases étaient incomplètes, on pouvait les remplir soi-même, au crayon à papier, et gommer, si on avait envie d'essayer autre chose. Et c'était assez fabuleux de comparer les livres complétés par deux amis, tant il y avait de différences et en même temps de ressemblances.

Et vous ?

Est-ce que vous avez remarqué qu'une partie de vous avait besoin de liberté et qu'une autre avait besoin de suivre des règles ? En suivant vos propres règles, vous pouvez combler ces deux parties, trouver l'équilibre qui vous convient pour aller bien.

Votre bel avenir

Je vous propose de vous imaginer dans quelques jours, heureux·se de sentir que les parties de vous qui ont besoin d'être libres et guidées sont comblées. Car vous avez pu répondre à votre besoin de liberté et à celui d'être guidé·e, en devenant tout simplement votre propre guide. En écrivant votre propre manuel mouvant du bonheur. Vous vous êtes créé votre propre règle du jeu de la vie idéale. Tout est devenu possible.

IL S'EST DONNÉ LA PERMISSION
DE RECEVOIR LES COMPLIMENTS,
L'AMITIÉ ET L'AMOUR DES AUTRES.

Histoire

J'aimerais vous raconter l'histoire d'un homme qui adorait passer du temps dans sa cuisine pour préparer de bons petits plats et des pâtisseries. Il faut dire que dès que le dîner commençait, il pouvait avoir rapidement le retour de ses invités pour savoir si cela leur avait plu. C'est vrai qu'il avait ce besoin de reconnaissance, qu'il n'éprouvait pas ailleurs. Et c'était bien ainsi : il acceptait d'avoir une part de lui qui en avait besoin, une autre qui se donnait sa propre reconnaissance, et une dernière qui n'en avait pas besoin.

Il suivait donc la recette de manière assez intuitive pour le repas et la respectait davantage pour la pâtisserie.

Il ignorait si cela allait plaire à ses invités, car il avait beau les connaître depuis longtemps, il ne connaissait pas tous leurs goûts. Il n'était pas à l'abri que Marie déteste la cannelle ou qu'Antoine soit allergique aux fruits de mer.

C'est pourquoi il avait décidé de faire les choses en mettant beaucoup d'amour et de joie (ce sont les meilleurs ingrédients qui soient).

Il avait renoncé depuis quelque temps à vouloir contrôler l'incontrôlable. Il savait qu'il ne pouvait pas tout maîtriser, et qu'il devait accueillir d'éventuels: « Désolé, je ne te l'avais pas dit, mais je n'aime pas cet aliment ! »

Il prévoyait toujours de pouvoir faire des coquillettes à celui qui n'apprécierait pas sa surprise. C'était tellement plus confortable pour lui, de s'ouvrir à cette éventualité. Tout ne dépendait pas de lui, et les goûts de chacun étaient à respecter. Il ne le prenait pas contre lui, il savait que cela était indépendant de la qualité de sa cuisine, c'était juste une affaire de goût.

Et quand ses invités lui disaient que c'était un régal, il se sentait heureux. Le fait de réussir à leur faire plaisir lui procurait tout autant de plaisir. Car savez-vous que c'est d'abord à soi-même qu'on fait du bien, quand on offre du « bonheur » à l'autre ?

D'ailleurs, quand ses invités lui faisaient des compliments, il savait les accepter. Il n'avait pas été traumatisé par la fable *Le Corbeau et le Renard* qui nous a appris à nous en méfier. Il savait au contraire que ça lui faisait du bien, qu'on valorisait ce qu'il avait accompli. Il n'en était pas dépendant pour autant, il avait réussi à trouver son juste équilibre.

Et vous ?

Vous en êtes où en matière de reconnaissance? Est-ce que votre besoin de reconnaissance et l'absence de ce besoin ont réussi à créer votre équilibre parfait? Est-ce que vous savez accueillir les compliments, l'amour et l'amitié? Est-ce que vous savez lâcher prise sur l'incontrôlable? Est-ce que vous accueillez le confort d'accepter votre petite part d'impuissance?

Votre bel avenir

Je vous propose de vous imaginer dans quelques jours, heureux·se d'accueillir l'incontrôlable et de ressentir beaucoup de joie qu'on vous fasse des compliments ou pas. Toutes les parties de vous se sentent épanouies, vos besoins se sentent comblés. Et vous sentez que ce bonheur va durer, car vous avez appris à accepter l'amour et l'amitié que les autres avaient à vous donner. Tout est devenu possible.

ELLE A DÉCIDÉ DE LAISSER L'IMPORTANCE
DU *POURQUOI* REMPLACER CELLE DU *COMMENT*.

Histoire

C'est l'histoire d'une institutrice qui revenait d'un voyage au Sénégal. Elle avait réuni ses amis autour d'un thé pour leur raconter, d'une manière inédite, cette aventure heureuse. Ils étaient tous impatients de découvrir *comment* ça s'était passé.

Mais elle n'avait pas l'intention de raconter *comment*, elle préférait leur parler de *pourquoi*. Elle avait remarqué que ce dernier était un moteur qui trouvait souvent les moyens lui-même de concrétiser les rêves.

Elle leur expliqua donc qu'elle était allée en Casamance pour rencontrer l'instituteur d'un village, dont les élèves étaient correspondants avec les siens. Elle voulait lui déposer les cadeaux qu'ils leur avaient fabriqués. Son intention était qu'ils sachent qu'à des kilomètres d'ici, des enfants pensaient à eux et rêvaient de les rencontrer, parce qu'ils étaient tous des enfants formidables.

Tout s'était organisé facilement, il faut dire que son envie était si grande qu'elle avait trouvé des personnes heureuses de lui simplifier le voyage.

Elle leur parla de la beauté des paysages, des mangroves et des dauphins qu'elle avait croisés dans le fleuve. Sans forcément parler du *comment* elle avait trouvé un bateau à moteur pour y naviguer. Elle disait souvent : « Quand on veut quelque chose pour des raisons de cœur, ces raisons convoquent les moyens nécessaires pour tout concrétiser. »

Et cela avait déclenché quelque chose d'incroyable en chacun. Tous les convives se rendaient compte de l'importance de savoir pourquoi on faisait les choses. Ils réalisèrent à quel point ils aimaient se sentir utiles, car on pouvait être heureux d'être utile, d'apporter sa contribution ou de ne servir à rien. En fait, tout pouvait rendre heureux. Et c'était OK, d'agrandir son champ des possibilités d'être heureux.

Une amie lui demanda si les gens lui avaient fait confiance facilement, et elle leur répondit : « En expliquant ses intentions, les gens sont toujours très accueillants. Il ne peut plus y avoir d'erreur d'interprétation quand on explique pourquoi on est ici, pourquoi on veut faire telle ou telle chose. »

Et ses amis repartirent avec un goût exacerbé pour les *pourquoi*, ils sentaient au fond d'eux que c'était la clé d'une bonne communication avec l'autre et d'une concrétisation de ses projets.

Et vous ?

Je ne sais pas vous, mais souvent, c'est plus facile de dire pourquoi on fait les choses quand on est au courant soi-même. Et la communication s'améliore quand on commence à s'intéresser à ses propres « pourquoi ». Je me disais que vous aussi, vous pourriez vous intéresser au pourquoi vous faites les choses, afin que les autres passent du jugement à la compréhension et que vos projets passent du rêve à la concrétisation.

Votre bel avenir

Je vous propose de vous imaginer dans quelques jours, heureux·se de savoir *pourquoi*, de l'exprimer et de vous sentir mieux compris·e. Comme si la communication était plus fluide en expliquant vos intentions et que vos projets arrivaient très facilement à leur concrétisation. Ressentez la joie de vivre une vie qui vous plaît. Tout est devenu possible.

IEL A DÉCIDÉ D'ARRÊTER DE LUTTER ET DE DILUER LES CHOSES PLUTÔT QUE DE LES SUPPRIMER.

Histoire

Quand iel composait ses bouquets, iel adorait mettre quelque chose qui n'avait rien à faire là, comme une aiguille à tricoter, mais avec plein de fleurs autour. Jusqu'à rendre l'aiguille presque invisible.

Si on lui demandait pourquoi iel faisait ça, iel répondait: «Pour inspirer les personnes, en leur montrant qu'on peut diluer les choses pour rendre leur présence minime. On peut faire pareil avec les critiques, les peurs, les croyances... On peut les diluer dans d'autres pensées positives. Et si un bouquet est composé de quelques jugements, on y voit davantage de compliments.»

Iel avait eu cette idée en voyant quelques commentaires négatifs sur son compte Instagram, alors qu'iel en avait tant de positifs. Mais son instinct de survie, très sélectif, avait eu plutôt tendance à retenir les moins bons, repérant les dangers plus facilement que les compliments.

Alors iel avait décidé de pratiquer la dilution. Iel s'était dit qu'il était peut-être préférable de diluer que de supprimer les choses, à commencer par les facettes de lui ou d'elle-même. Les accueillir plutôt que de lutter contre...

C'est la raison pour laquelle iel avait décidé de ne pas renoncer à la partie de lui·elle qui émettait des jugements, même à son propre sujet, car iel savait qu'elle était utile, non seulement pour prendre bon nombre de décisions dans sa vie, mais aussi pour lui permettre d'avoir un avis objectif le·la concernant et d'actualiser sa vie à ses besoins et envies du moment.

Iel s'est également rendu·e compte que ses peurs n'étaient pas à supprimer, qu'elles avaient un rôle important à jouer : par exemple, sa peur du manque le·la mettait à l'abri des problèmes d'argent, et sa peur de la mort le·la protégeait des dangers pour le·la maintenir vivant·e.

Ces peurs, en étant diluées avec de la confiance en soi et en la vie, prenaient leur juste place, sans prendre toute la place. Iel avait décidé d'accueillir toutes ses pensées, croyances et peurs, et de leur laisser leur espace.

C'était important pour lui·elle qu'elles puissent toutes s'exprimer, car elles œuvraient toutes dans son intérêt. Bien que certaines semblent contradictoires, elles voulaient toutes son bonheur.

Iel était un être de nuances : iel était TOUT ce qu'iel voulait être, sans s'imposer aucune étiquette. Iel pouvait passer de toutes les nuances comprises entre introverti·e et extraverti·e à son gré. Iel faisait comme ça lui chantait.

Et vous ?

Je ne sais pas si, dans votre vie, vous avez parfois tenté de supprimer certaines pensées provisoires ou figées à l'intérieur de vous ? Ce que je sais, c'est qu'aujourd'hui, vous pourriez faire autrement, et rajouter du positif pour les diluer. Elles pourraient rester une éventualité parmi des milliards, permettant à votre nuancier d'être illimité.

Votre bel avenir

Je vous propose de vous imaginer dans quelques jours, heureux·se de constater que votre vie est composée d'une grande majorité de pensées et programmes positifs. Un peu comme si les graviers gris, en faible nombre, avaient disparu dans l'allée remplie de graviers blancs. Ils n'ont pas été retirés, mais on ne les voit plus. Ils existent encore, mais occupent un tout petit espace. Ce sont votre optimisme et votre joie de vivre qui prennent leurs aises. Tout est devenu possible.

IL A DÉCIDÉ DE CHANGER SA VISION
DES CONTRAINTES ET DE LES VOIR
COMME DES PONTS VERS SES RÊVES.

HISTOIRE

J'aimerais vous parler d'un homme qui avait décidé d'ouvrir son entreprise pour devenir son propre patron. C'est donc à lui-même qu'il rendait des comptes et, accessoirement, à l'administration fiscale et à son banquier. Il avait organisé ses journées en deux parties pour combler deux besoins en lui : celui de liberté et celui d'être guidé.

Le matin, il faisait les horaires d'un salarié, il posait des rendez-vous et s'imposait les choses. Cela lui faisait du bien : il avait juste à suivre le programme qu'il s'était fixé.

L'après-midi, il était entièrement libre de s'organiser comme il voulait. D'ailleurs, s'il l'avait souhaité, il aurait pu travailler après 22 heures quand ses enfants étaient couchés, mais il n'aimait pas être en décalé. Cela lui convenait bien de faire ainsi. Il aurait même pu choisir de télétravailler depuis le bout du monde, mais il aimait sa ville, son pays, ses amis, sa famille. Il n'avait pas besoin de s'expatrier pour se sentir libre, il pouvait déjà l'être ici, même avec les contraintes que son entreprise lui demandait.

Car ce que d'autres pouvaient voir comme des contraintes, il le voyait comme des ponts vers ses rêves: le crédit qu'il remboursait lui permettait de vivre dans une maison de rêves. Les horaires qu'il respectait lui permettaient de rencontrer en chair et en os des clients qu'il aidait à réaliser leurs propres rêves. Les factures qu'il payait permettaient à d'autres entrepreneurs de vivre de leur rêve d'entreprise.

D'ailleurs, ces ponts que d'autres appellent des contraintes étaient d'excellents stimulateurs pour son imagination: quand un client lui expliquait ses propres contraintes, il en faisait des tremplins à idées. Ne pas partir de rien lui permettait de redoubler de créativité. Comme si les contraintes étaient des perches lancées qu'il suffisait d'attraper pour démarrer, des premières marches d'escalier qu'il suffisait de compléter.

Je crois qu'il avait une vision de la liberté différente de beaucoup de personnes.

Et vous ?

Que se passerait-il si vous regardiez vos contraintes autrement et que vous réalisiez qu'elles vous permettent d'atteindre des objectifs? Bien sûr, il est aussi possible de faire autrement ou de changer d'objectif. En fait, c'est votre inconscient qui va pouvoir trouver les ponts qui lui conviendront pour concrétiser votre vie idéale.

VOTRE BEL AVENIR

Je vous propose de vous imaginer dans quelques jours, heureux·se d'avoir un nouveau regard sur la liberté et les contraintes. Voyez toutes les belles choses qui se mettent en place dans votre vie. Vous avez la liberté de créer votre chance, des ponts apparaissent. Tout est devenu possible.

Elle a décidé de laisser la culpabilité derrière elle et d'emporter dans ses bagages sa petite part d'impuissance.

18

HISTOIRE

C'est l'histoire d'une femme qui avait décidé de partir faire le tour du monde. Elle avait fait ses valises assez facilement, car elle n'avait pas beaucoup d'affaires à emporter. Elle préférait les bons moments passés avec ses amis que de faire les boutiques pour entasser des objets.

Elle avait pris la décision de partir le jour où elle avait renoncé à sauver sa mère de sa dépression. Elle avait accepté d'accueillir sa part d'impuissance: non, elle n'avait pas pu sauver sa mère, mais elle refusait de se sentir coupable. Car elle le savait, la seule à pouvoir se sauver, c'était sa mère elle-même.

En arrêtant d'être sa sauveuse, elle lui offrait l'occasion d'arrêter d'être une victime.

Bien sûr, dans la même situation, certains se seraient précipités vers la culpabilité, car elle est le seul moyen qu'ils ont trouvé pour ne pas se sentir impuissants.

Elle aurait pu également rester bloquée dans ce qu'on appelle un biais d'engagement, avec l'ampleur de tout ce qu'elle avait déjà fait pour tenter de l'aider. Mais elle avait préféré renoncer au chemin parcouru et partir dans une autre direction, rendant la responsabilité de sa vie à sa mère.

Sur son chemin, elle allait rencontrer toutes sortes de personnes, qu'elle allait aider sans le savoir, en les inspirant. Ces personnes allaient à leur tour accueillir leur petite part d'impuissance et se rendre la vie plus agréable. Les pressions qu'elles se mettaient allaient pouvoir s'évaporer, pour laisser place à davantage de sérénité.

Je crois que son histoire inspirait beaucoup de parents qui eux-mêmes avaient tendance à culpabiliser de tout ce qui arrivait à leurs enfants, même grands, juste pour ne pas se sentir impuissants.

Et vous ?

Je ne sais pas si parfois vous vous êtes retrouvé coincé dans un biais d'engagement, un peu comme certaines personnes qui ont tout fait pour sauver leur couple et qui ont continué à faire avancer la locomotive, alors que plus aucun wagon n'était attaché derrière, en espérant encore qu'un wagon réapparaisse par magie, refusant d'abandonner après tous les efforts qu'elles avaient faits. Ce que je sais, c'est qu'un jour comme aujourd'hui, vous pouvez vous autoriser à accepter votre petite part d'impuissance et à vous défaire de la culpabilité.

Votre bel avenir

Je vous propose de vous imaginer dans quelques jours, heureux·se de constater que votre vie est belle et douce. Plus légère aussi, depuis que vous avez accepté de vous décharger de toute culpabilité. Vous êtes créateur·rice de beaucoup de choses, mais vous savez aussi accueillir votre impuissance face à d'autres. Et vous sentez que cet équilibre vous fait du bien. Tout est devenu possible.

Elle a décidé de renoncer à vivre des problèmes
pour leurs bénéfices secondaires.

Histoire

C'est l'histoire d'une femme qui vivait une vie très heureuse. Quand elle rentrait des courses, elle avait le sourire parce qu'elle avait pris l'air, rencontré des gens charmants, choisi des produits qu'elle aimait. Oui, tout lui souriait... Ou plutôt, elle souriait à tout. Ne croyez pas qu'elle était plus chanceuse qu'une autre. C'est juste qu'elle avait grandi avec son frère, sa mère, son père et le bénéfice secondaire de ce dernier. Ce bénéfice avait une place à part entière dans la famille.

Il faut dire que son père malade n'avait pas spécialement envie de guérir, puisque son bénéfice secondaire le maintenait au centre de son petit monde et que chacun prenait soin de lui.

Elle avait donc pu étudier ce phénomène de près. Un peu comme si elle avait réussi à dialoguer avec lui et comprendre comment cela fonctionnait.

Quand elle avait compris que c'était la carence d'amour de l'enfance de son père qui l'avait créé, elle s'était mise à lui parler pendant que son père dormait.

«Cher bénéfice secondaire, merci d'être venu soutenir mon papa. Tu lui as permis de se sentir entouré et aimé. Maintenant que nous avons compris ce que papa voulait, nous allons pouvoir continuer à l'aimer et à l'entourer, même quand il ira bien. »

Puis le bénéfice secondaire lui avait répondu : « Merci à toi d'avoir compris à travers moi le besoin que ne savait pas exprimer ton père. Tu es une personne formidable, il a beaucoup de chance que tu sois sa fille. »

Puis son père avait pu guérir, continuant à se sentir aimé et entouré.

Et parfois, les bénéfices secondaires sont un peu comme des intérimaires venus remplacer les besoins qui n'arrivaient pas à s'exprimer. Et un jour comme aujourd'hui, nous pouvons directement aller combler le besoin en allant bien et saisir le bénéfice premier. Pour cela, il suffit de savoir nous écouter. Nous pouvons nous entraîner en commençant par nous demander pourquoi nous avons envie de telle ou telle chose. Par exemple, une paire de chaussons ? Pas seulement parce que nous avons envie d'avoir chaud aux pieds, mais peut-être surtout parce que nous avons besoin de nous poser chez nous, de retrouver notre cocon ?

Et vous ?

Je ne sais pas s'il vous est arrivé de créer un bénéfice secondaire et de vous y accrocher, mais un jour comme aujourd'hui, vous pouvez vous autoriser à y renoncer pour accueillir le bénéfice premier, aller bien directement. Et c'est toujours intéressant de découvrir quels étaient les besoins cachés dans les bénéfices secondaires, un peu comme le jouet dans un œuf surprise en chocolat.

Votre bel avenir

Je vous propose de vous imaginer dans quelques jours, heureux·se de constater tous les bénéfices premiers qui sont entrés dans votre vie. Voyez la chance que vous vous êtes créée en allant bien directement. Tout est devenu possible.

ELLE A DÉCIDÉ DE VOIR LES PARTIES D'ELLE-MÊME
QU'ELLE CROYAIT NON CONVENABLES
COMME DES QUALITÉS.

HISTOIRE

C'est l'histoire d'une femme, amoureuse de la vie qui circule dans chaque être, amoureuse de chaque être et donc amoureuse d'elle-même. Ce n'est pas du narcissisme comme on peut le voir de manière négative. Non, c'est un amour important dans une vie épanouie. Elle s'aime, comme tout le monde finalement, même si tout le monde n'en a pas conscience. Et c'est cela qui est incroyable, elle a très vite remarqué que tout ce que chacun mettait en place était par amour pour lui-même. Même le fait de se sacrifier pour les autres, afin de se sentir utile ou aimé. Comme elle s'aime telle qu'elle est, elle a renoncé depuis longtemps à son lisseur : oui, ses cheveux ondulent et c'est OK. Si la nature lui a offert cette particularité, c'est un réel cadeau qu'elle a accepté.

Bien sûr, elle n'a rien contre ceux qui changent leur nature, mais elle préfère aimer la sienne telle qu'elle est. Elle aime que toutes les parties d'elles, intérieures comme extérieures, se sentent parfaites telles qu'elles sont.

Elle aurait pu lutter pendant longtemps contre la partie d'elle qui se posait toujours des questions, mais elle a préféré l'accueillir. Elle a toujours su qu'elle était dans son camp, que se poser des questions était, est et sera toujours une manière d'actualiser son bonheur en permanence. Bien sûr, elle ne lui donne pas l'exclusivité du gouvernail de sa vie, mais elle l'accueille.

Elle a même remarqué que cette partie s'entendait très bien avec son besoin de se foutre la paix. C'est comme si elle se posait les questions pour tout et que son besoin pouvait lâcher prise, tel un bébé endormi dans les bras de sa maman qui est responsable pour lui.

Ces parties non convenables et parfois contradictoires sont en fait toutes géniales et complémentaires. Elles n'ont plus besoin de se chasser pour exister, elles peuvent toutes cohabiter pour coexister.

Elle a également remarqué que le regard des autres se synchronisait sur ce qu'on croyait qu'il allait être. Plus on le croyait bienveillant, plus cela se confirmait.

Et vous ?

Je ne sais pas si vous aviez déjà conscience de vous aimer. Ce que je sais, c'est que vous pouvez profiter de ce moment pour dialoguer avec votre nature et tomber amoureux·se d'elle. Vous pouvez aimer vos caractéristiques physiques et psychologiques. Et vous pouvez même voir que le changement le plus facile à vivre est celui qui consiste à stopper la résistance qu'on exerçait contre sa nature. Vous pouvez cesser de lutter contre ce que vous êtes et l'aimer.

Votre bel avenir

Je vous propose de vous imaginer dans quelques jours, heureux·se de constater que toutes les parties de vous sont convenables et aimables. Même si vous avez la liberté de ressentir ce que vous souhaitez les concernant. Vous avez le droit de les accueillir telles qu'elles sont ou de vouloir les changer, vous êtes libre. Et sachez que vous êtes déjà une personne géniale. Votre vie est devenue géniale. Tout est devenu possible.

IL A DÉCIDÉ DE RENONCER À LA SOUFFRANCE
ET DE PASSER PAR LA DOUCEUR POUR ÊTRE HEUREUX.

Histoire

Après avoir vendu des canapés toute la semaine, cet homme, dont j'aimerais vous parler, profitait du sien chaque dimanche. Il se donnait la permission de ne rien faire et de ne pas apprendre quoi que ce soit, en allumant sa télévision. Il avait juste envie de divertissement, de se reposer l'esprit. Des livres en tous genres étaient posés sur sa table de nuit, et chacun lui apportait des choses différentes. Mais il refusait d'alterner uniquement des phases de travail et d'apprentissage, il s'autorisait aussi des phases de divertissement.

Un jour, il avait entendu dire que le divertissement était utile pour «détourner le regard d'une vie qui ne nous convient pas». Et il avait trouvé que cela sonnait faux pour lui, car sa vie lui convenait vraiment. Elle était riche de plein de moments différents: parfois dans la nature, parfois dans la ville, parfois en train d'apprendre quelque chose, parfois juste en train de se divertir. Et il sentait que c'était cette autorisation à satisfaire toutes les parties de lui qui le rendait heureux.

À aucun moment de la journée il ne se culpabilisait ni ne bâillonnait une partie de lui, puisqu'elles avaient toutes le droit d'exister en même temps.

Par exemple, au travail, il lui arrivait d'avoir des pensées pour sa fille, qu'il acceptait, et en vacances des pensées pour le travail, qu'il accueillait aussi. Ses pensées n'avaient pas de planning à respecter, elles pouvaient arriver quand elles le souhaitaient, elles étaient toujours les bienvenues: pas de lutte, pas de résistance, juste de l'accueil de ce qui se passait en lui.

D'ailleurs, je dois vous avouer que quelques fois une partie de lui n'aimait plus sa femme, et il l'accueillait aussi, car il savait que l'amour n'est pas un état permanent. Il ne croyait pas en l'amour inconditionnel et acceptait que des parties de lui puissent cesser d'aimer l'autre par moments. Il était très bienveillant avec ses pensées contradictoires. Et comme elles avaient toutes le droit de s'exprimer, aucune n'avait besoin de crier ou de se manifester. Toutes les parties de lui-même avaient le droit de ressentir exactement ce qu'elles ressentaient, et une autre grande partie de lui continuait à aimer sa femme de tout son cœur. Un sentiment ne chassait pas l'autre, ils avaient le droit de se juxtaposer, de danser ensemble. Il acceptait de ne pas être amoureux à 100 %, 98 % le comblaient suffisamment. Je dois même vous avouer que savoir que toutes les parties de lui ne voyaient pas les choses de la même façon le rassurait: c'est comme si elles lui permettaient d'être dans un équilibre qui lui convenait.

Et vous ?

Est-ce que parfois vous vous autorisez à ne rien faire ou ne rien apprendre ? Est-ce que toutes les parties de vous sont satisfaites ? Est-ce qu'elles ont toutes le droit d'exister ?

Votre bel avenir

Je vous propose de vous imaginer dans quelques jours, heureux·se de constater que toutes les parties de vous œuvrent pour une vie heureuse... Tout est devenu possible.

Il a décidé d'être libre
en acceptant son interdépendance.

22

Histoire

J'aimerais vous raconter l'histoire d'un artisan qui, le mardi, adorait se prendre une journée de repos pour se promener dans un coin de nature différent.

Il aimait ce moment durant lequel il observait la nature. Il faut dire qu'il trouvait qu'elle ressemblait symboliquement à ce qu'il vivait : l'interdépendance.

C'est-à-dire qu'il était libre sur certains aspects de sa vie, mais il acceptait aussi d'être dépendant notamment de ses clients et des engagements qu'il avait pris vis-à-vis d'eux.

Il comprenait que beaucoup de ses collègues, qui pensaient qu'ils allaient être 100 % libres de faire ce qu'ils voulaient quand ils voulaient en se mettant à leur compte, ne se sentaient pas complètement heureux parce qu'ils avaient l'impression d'être en lutte permanente pour être libres.

Ils vivaient comme une déception le fait que le métier sur lequel ils avaient fantasmé ne leur offre pas une liberté totale. Ils avaient tellement espéré que le changement serait la clé de leur bonheur, alors qu'il aurait peut-être juste suffi de changer de regard.

Lui se sentait libre d'avoir accepté d'être interdépendant. D'ailleurs, il aimait cette interdépendance, car elle créait une sorte de lien entre lui et les autres.

Il appréciait ces moments de solitude dans la nature, des moments où il pouvait prendre du recul pour observer sa vie et la trouver géniale. Il aimait aussi voir du monde, rencontrer des gens, aller les dépanner quand leur chaudière avait rendu l'âme. Il se sentait utile, parfois même indispensable.

Il avait réussi à combler tous ses besoins et respectait également celui de prendre du temps pour lui. Il ne culpabilisait jamais d'être débordé ni d'être sur son canapé. Chaque moment était différent et venait combler une partie de lui qui aimait cette vie.

Parfois, l'impression qu'il y avait une ville à l'intérieur de lui le faisait sourire. Il ressentait que le maire et ses habitants n'étaient pas toujours du même avis, mais qu'ils trouvaient toujours des solutions dans l'intérêt de la ville. Il percevait que chaque habitant, en lui, avait le droit de s'exprimer et de contribuer au bonheur de la ville, en apportant ses propres talents et réflexions.

Cela lui faisait du bien de sentir que de multiples neurones cogitaient dans son intérêt. Il sentait que ces liens d'amour entre les parties de lui, ainsi que ceux qu'il créait avec les personnes qu'il rencontrait, étaient des liens de bienveillance : chacun souhaitait que tout se passe au mieux.

Et vous ?

C'est quoi votre vision de la liberté ? Est-ce que vous accueillez cette idée de vivre en interdépendance, puisque nous vivons en société ? Est-ce que cette idée de lien bienveillant vous plaît ? Est-ce que vous sentez cette ville en vous qui œuvre pour votre bonheur ?

Votre bel avenir

Je vous propose de vous imaginer dans quelques jours, heureux·se de constater que votre vie vous plaît. Elle est en harmonie avec vos aspirations profondes, vous êtes de ceux qui bâtissent un monde qui leur convient. Vous avez du pouvoir sur les choses, vous créez de la joie. Tout est devenu possible.

ELLE A DÉCIDÉ DE CHANGER L'HISTOIRE
QU'ELLE SE RACONTAIT POUR NE PLUS
SE SERVIR DU PASSÉ COMME EXCUSE.

23

HISTOIRE

Cette artiste-peintre était en train de recopier un tableau qu'elle avait fait il y a une dizaine d'années. Elle avait décidé, il y a peu, de reprendre toutes ses œuvres et de s'y prendre autrement, car elle n'était plus dans le même état d'esprit qu'autrefois.

Elle pouvait deviner les émotions qu'elle avait ressenties au moment même où elle les avait créées.

Et elle savait qu'aujourd'hui elle ressentait les choses différemment : elle avait moins de colère envers l'injustice ; elle avait même compris qu'à chaque fois qu'elle ressentait cela, c'était simplement qu'elle désirait mieux pour elle-même ou les autres.

Le rejet aussi n'avait plus la même définition pour elle, elle s'en référait à sa définition en poésie qui consiste à mettre en valeur un mot, isolé des autres. Elle voyait dorénavant le rejet d'une manière positive : la possibilité d'exister seul, sans le groupe.

Elle s'était arrangée pour modifier toutes ses sensations vis-à-vis des blessures émotionnelles, et il se passait quelque chose d'incroyable dans sa vie : tout se déroulait de manière géniale.

Elle cessait d'attirer à elle les ricochets de ses blessures du passé, car elle avait enlevé le pansement et s'était rendu compte qu'elles étaient moins profondes qu'elle ne le pensait.

Un peu comme si son instinct de survie avait eu tendance à exagérer pour qu'elle se tienne à distance d'éventuels dangers. Elle était devenue presque amnésique aux moments heureux, bien que tous les souvenirs soient rangés dans les bons tiroirs, pour laisser plus de place à sa mémoire, afin d'accueillir les moments présents.

En découvrant que ceux qui ont le plus de souvenirs les ont par des photos, des films, ou ont entendu des récits, elle avait compris depuis longtemps qu'il était plutôt normal de ne pas se souvenir de grand-chose, pour mieux vivre dans le présent...

D'autres sont parfois coincés dans une faille spatio-temporelle, mais ce n'était pas son cas. Je dois même vous dire qu'elle se moquait de ce qui s'était réellement passé, puisque c'était terminé. Elle avait décidé que son présent était une page indépendante, et non la conséquence de son enfance.

Et vous ?

Je ne sais pas si vous aussi, vous avez changé de regard sur votre passé. Je ne sais pas si vous vous racontez déjà une histoire qui vous fait du bien. Ce que je sais, c'est que vous pouvez dès à présent faire en sorte de modifier ce qu'il y a à modifier, pour pouvoir être heureux·se.

Votre bel avenir

Je vous propose de vous imaginer dans quelques jours, heureux·se de la vie que vous vivez. Votre passé a cessé d'influencer les choses, vous avez tiré de nouvelles cartes gagnantes, pour vivre une vie qui vous plaît. Et je ne sais pas si vous ressentez déjà comme tout est plus facile, plus simple, plus doux et en même temps grisant. Contrairement à certaines personnes qui craignent de s'ennuyer si tout va bien, vous, vous savez savourer la vie. Tout est devenu possible.

IL A DÉCIDÉ QUE TOUS LES CHOIX,
PRIS AVEC LE CŒUR, ÉTAIENT BONS.

Histoire

Ce fidèle lecteur d'une bibliothèque avait l'habitude de lire cinq livres en même temps, et de lire uniquement le chapitre 1 du premier livre, le 2 du deuxième, le 3 du troisième, etc. Et cela créait une combinaison incroyable. Bien sûr, il lui manquait des débuts, des milieux et des fins de certains livres, mais il avait l'impression, de cette manière-là, d'être l'auteur de son livre. Il articulait lui-même les chapitres, et ce qu'il adorait faire, c'était le pont entre les deux livres. Il rajoutait parfois une phrase de transition, ou un personnage, ou faisait un bond dans le temps.

Quand ses amis lui demandaient de raconter le dernier livre qu'il avait lu, il faisait un résumé des cinq en même temps, et quand on lui demandait le titre de cet ouvrage qui avait l'air passionnant, il en donnait cinq à la fois, et on ne comprenait pas vraiment. Alors il leur expliquait son fonctionnement, et les autres comprenaient qu'il existait de nombreuses combinaisons possibles dans la vie et qu'elles étaient toutes susceptibles de rendre heureux.

D'ailleurs, il avait un nouveau projet: il voulait aménager un bus pour faire un tour d'Europe. Il s'était déjà inscrit pour passer son permis D, avait trouvé le bus idéal, et était déjà entré en contact avec une personne ayant fait la même chose. Il donnait envie à ses amis de réaliser leurs rêves et, en même temps, il faisait remonter les peurs de tout le monde à la surface. Et il le savait, les peurs des autres étaient souvent le reflet de ses propres peurs.

Pendant un an, il prépara son voyage, obtint son permis, aménagea son bus, puis organisa une fête pour dire au revoir à ses amis avant de partir. L'un d'entre eux lui demanda s'il se sentait prêt. Et il lui répondit : « Il n'y a pas besoin d'attendre de se sentir prêt pour se lancer. C'est en me lançant que je vais acquérir de l'expérience. C'est le voyage lui-même qui va me transformer en voyageur. Je crois qu'on est prêt uniquement à la fin de l'aventure. »

Et cela avait fait beaucoup réfléchir tout le monde, non seulement tous les chemins semblaient bons, mais en plus il n'était plus nécessaire d'attendre d'être prêt pour se lancer dans l'aventure. C'est l'aventure qui allait les former…

ET VOUS ?

Je ne sais pas si vous avez déjà hésité entre plusieurs choix, comme si vous pouviez vous tromper. Mais que se passerait-il si tous les choix étaient bons? Que se passerait-il si chaque choix était lui-même le formateur qui vous apprendrait à le savourer? Un peu comme un enfant forme la femme qui l'a mise au monde à être une maman.

VOTRE BEL AVENIR

Je vous propose de vous imaginer dans quelques jours, heureux·se de tous vos choix, réalisant que tous contiennent le potentiel de vous rendre heureux·se. Ressentez que vous osez plus facilement vous lancer, sans attendre de vous croire prêt·e, car c'est l'aventure heureuse qui vous fera devenir un·e aventurier·ère heureux·se. Tout est devenu possible.

Elle s'est donné la permission
d'être une instable heureuse.

Histoire

Chaque fois, cette femme allait explorer un endroit différent. Elle montait dans un train au hasard avec son vélo et descendait dans n'importe quelle gare. Elle découvrait les lieux d'une manière agréable, car la manière ne dépendait pas du lieu, mais d'elle.

Oui, elle décidait de la manière et laissait le hasard l'emmener là où il voulait. Car où qu'elle arrive, elle avait du pouvoir sur la manière de vivre l'événement.

Aujourd'hui, justement, elle avait décidé d'aller se promener, sans se soucier du temps qu'il ferait. Elle s'était équipée et prévoyait de pouvoir se couvrir ou se découvrir, si le temps changeait.

Elle monta dans le train et descendit deux gares plus loin. C'était à quelques dizaines de kilomètres de chez elle, mais cela suffisait à lui apporter de la nouveauté. C'était amusant de voir presque les mêmes maisons, presque les mêmes paysages, presque les mêmes visages. Elle était fascinée par les ressemblances qu'elle avait déjà rencontrées ailleurs et, en même temps, elle observait ces nuances qui offraient tant de diversité à l'humanité.

Elle remarquait que les gens s'arrêtaient volontiers pour lui parler lorsqu'elle posait son vélo un instant, pour mieux contempler le paysage.

Souvent, ils lui demandaient ce qu'elle faisait dans la vie, et elle leur répondait en souriant: «Tant de choses qu'il me faudrait des heures pour vous en parler.

— Mais vous avez bien un métier?

— Oui, et non, je suis tellement plus que mon métier, et mon métier lui-même est tellement varié. Je suis désolée, je n'ai ni étiquette ni définition à vous donner.»

Alors les promeneurs s'autorisaient à voir leur vie différemment, comme si on pouvait tout être dès lors qu'on s'autorisait à enlever ses étiquettes.

Et dire que certaines personnes cherchent leur voie, comme une autoroute tracée dans une seule direction, alors que nous pouvons partir dans toutes les directions et arrêter de chercher la stabilité à tout prix, ou alors juste la trouver dans un bonheur stable au milieu de situations mouvantes.

Et vous ?

Je ne sais pas s'il vous arrive également de décider que tout se passera bien, quoi qu'il arrive ? Quelle que soit la direction, de sentir que vous avez fait les bons choix, qu'ils soient provisoires ou permanents ? De sentir que toutes les facettes de vous peuvent être comblées dans chaque branche de l'étoile autour de vous et que vous avez le droit d'aller partout. Vous aussi avez le droit d'être instable et heureux·se, tout comme vous avez le droit d'être stable et heureux·se, ou de trouver l'équilibre entre les deux et d'être heureux·se.

Votre bel avenir

Je vous propose de vous imaginer dans quelques jours, heureux·se d'accueillir vos divergences : que ce soit votre pensée divergente ou vos actions divergentes. Et en même temps de sentir que votre convergence est un excellent complément à un bonheur intense et durable. Tout est devenu possible.

Elle a décidé d'écouter
la partie d'elle-même qui a peur
et de lui faire une place dans ses projets.

26

Histoire

C'est l'histoire d'une femme qui allait bientôt déménager pour saisir une superbe opportunité de travail. Elle sentait qu'à l'intérieur d'elle différentes facettes de sa personnalité n'accueillaient pas la nouvelle de la même façon. Et alors qu'elle observait son chat, elle eut l'impression de prendre du recul sur elle-même. Lui aussi avait plusieurs facettes : il pouvait être câlin par moment, collant, indépendant et sauvage à d'autres. Et pourtant il avait réussi à s'habituer à sa nouvelle vie avec elle. Cela avait été facile !

Alors elle décida de dialoguer avec les parties d'elles, qu'elles soient sauvages ou non... Elle commença par écouter sa joie à l'idée de saisir cette chance. Cette partie-là était surexcitée à l'idée de vivre une nouvelle expérience. Puis elle donna la parole à sa peur qui redoutait de ne pas se plaire, de ne pas s'adapter, de ne pas se faire d'amis, de ne pas se sentir à la hauteur. Et elle s'adressa à toutes ces peurs en leur promettant d'en tenir compte, de faire ce qu'il fallait pour s'y plaire, s'adapter, se faire des amis, se sentir à la hauteur. Sa peur était un peu comme une mère disant à son enfant qui vient d'obtenir son permis d'être prudent sur la route. Elle l'aime et veut qu'il fasse attention pour éviter le pire.

Alors elle rassura sa peur, comme un enfant rassure sa mère : « Oui maman, je vais faire attention, soit tranquille. » Elle déménagea et tout se passa bien. Elle se faisait de nouveaux amis et gardait les anciens, car la distance n'était rien.

Puis un jour, alors qu'elle regardait un film qui parlait d'un déménagement, elle se mit à pleurer. Elle refusa de penser qu'elle était une éponge à émotions et qu'elle avait pris les émotions de l'actrice. Elle comprenait bien que ce film ne faisait que réveiller les siennes. Des émotions non exprimées sur le moment, qui avaient juste besoin d'être accueillies. Elle était sensible, comme tout humain, même si chacun a sa manière de le montrer. Elle refusait de se catégoriser dans la case de l'hypersensibilité et de croire que les autres ne pourraient pas la comprendre. Elle préférait garder, comme point commun, la sensibilité de chacun. De cette manière, elle se disait qu'on pouvait la comprendre, et elle le vivait bien. Bien sûr, chacun fait comme bon lui semble, du moment que ça lui fait du bien.

Et elle, ça lui faisait du bien de croire que tout le monde pouvait la comprendre.

Et vous ?

Est-ce que vous laissez vos peurs avoir leur mot à dire, pour que votre envie d'aller de l'avant en tienne compte ? Est-ce que vous laissez vos émotions ressortir quand elles résonnent avec celles des autres ? Est-ce que vos croyances vous font du bien, ou est-ce que vous voulez leur apporter de la nuance ?

Votre bel avenir

Je vous propose de vous imaginer dans quelques jours, heureux·se d'avoir mis vos peurs dans votre camp et de pouvoir réaliser vos projets, en vous sentant protégé par ces mères-veilleuses. Tout est devenu possible.

CES PERSONNES ONT DÉCIDÉ DE LAISSER TOUTES LEURS FACETTES TOMBER AMOUREUSES LES UNES DES AUTRES.

Histoire

C'est l'histoire de deux personnes qui s'aiment et qui ont décidé d'écrire de nouveaux contes de fées avec moins d'épreuves, d'amours impossibles et de combats. Ces personnes sentent que l'amour n'est plus de surmonter des épreuves ensemble, mais avant tout de décupler la joie ensemble. Les temps ont changé et elles décident de réécrire *Roméo et Juliette*. Elles veulent parler des amours possibles, faciles, simples, évidentes.

Elles expliquent également les nuances que chaque facette peut apporter au couple, et l'importance d'oser toutes les présenter à l'autre, car elles peuvent elles-mêmes tomber amoureuses entre elles. Prenez l'exemple de deux parties rêveuses qui, au lieu d'être cachées à l'autre, s'autorisent à se montrer et tombent amoureuses aussi de la partie rêveuse de l'autre… Comme si cela augmentait les possibilités de s'aimer sous tous les angles, sous toutes les coutures, dans sa globalité.

Elles insistent aussi sur le fait que c'est important d'accueillir les parties de nous qui ne sont peut-être pas amoureuses de l'autre. On n'est pas obligé d'être pleinement amoureux pour être heureux en amour. On a le droit de ne pas aimer certaines parties de l'autre, mais de l'aimer quand même dans sa globalité. On a le droit d'avoir encore de l'amour pour un ex. En fait, toutes les émotions et tous les ressentis sont OK, on a le droit de se poser des questions, comme on a le droit de ne pas s'en poser... Il existe des milliards de manières d'aimer, ce qui compte c'est que chaque relation amoureuse rende heureux les concerné·e·s.

Et quand elles parlent de leur livre à leurs amis, ils sont étonnés: l'amour pourra-t-il continuer à être intéressant s'il n'est pas poignant et rempli de rebondissements, de réconciliations sous la couette et de vaisselle cassée? Est-ce que l'amour vaudra la peine d'être vécu s'il devient aussi plat qu'une omelette?

Non, il vaudra la *joie* d'être vécu: les partenaires pourront s'apporter de la douceur. Et évidemment être là pour l'autre en cas d'imprévu. Mais leur lien d'amour ne sera plus construit sur la peur: d'être seul, de ne pas surmonter les épreuves, de mourir. Il sera construit sur la joie de décupler le bonheur ensemble.

Et vous ?

Avez-vous déjà rencontré tout ce que vous êtes? Toutes vos facettes? Votre côté artiste, votre côté drôle, votre côté inventeur, votre côté organisé, votre côté désorganisé? Votre côté rêveur? Votre côté cartésien? Et tous les autres côtés? Les avez-vous montrés aux autres? Savez-vous que vos facettes peuvent elles-mêmes s'aimer? Votre partie combattante peut aimer votre partie pacifiste, etc.

Votre bel avenir

Je vous propose de vous imaginer dans quelques jours, heureux·se de sentir que chacune de vos facettes crée des liens d'amour avec toutes vos autres facettes et celles des autres, comme si l'amour devenait plus intense dans votre vie. Tout est devenu possible.

ELLE A DÉCIDÉ DE SUPPRIMER L'INJONCTION DU 100 % ET D'ACCUEILLIR SES NUANCES.

Histoire

Cette femme avait 43 ans ce jour-là, et elle ne souhaitait pas savourer pleinement son anniversaire : à 80 % ça lui suffisait, car il était possible que 20 % se régalent déjà d'imaginer le plaisir qu'elle ressentirait en ouvrant ses cadeaux.

Cela faisait longtemps qu'elle s'était retiré l'injonction du « pleinement ». Elle s'autorisait par exemple à apprécier un massage à 90 % et à rêver de ses prochaines vacances sur une plage paradisiaque à 9 % en même temps. Un pour cent d'elle se concentrait sur ses ronflements, comme un veilleur de nuit qui prendrait soin de sa réputation, et c'était OK de ne pas être à 100 % ici et maintenant.

Elle avait remarqué depuis longtemps que les injonctions positives étaient parfois des tyrans. Et en même temps, elle avait compris que les injonctions pouvaient répondre à un besoin de règles à respecter, pour se sentir guidé.

Une amie venait justement d'arriver et lui tendait un paquet, avec un emballage maison, fait d'un tissu zéro déchet. Elle savait que cette amie était très soucieuse de l'avenir de la planète. Et bien qu'elle fût admirative de son organisation pour réduire considérablement les déchets, elle avait constaté que son engagement la précipitait doucement vers une phase dépressive.

L'« anniversée » l'avait alors aidée dans un moment où ça n'allait pas « pleinement », à force de se culpabiliser du manque d'efforts des autres pour l'environnement. Cette amie se sentait 100 % responsable de ce qui était en train d'arriver à la planète.

Alors « l'anniversée » lui avait permis de voir les choses autrement : « Tu es responsable à 100 % de tes choix, mais concernant l'ensemble de la planète, tu ne détiens qu'une part sur 7,7 milliards. »

Et cela l'avait grandement soulagée de ne pas devoir payer pour tous : elle n'était responsable que de ce qui entrait dans son champ des possibles.

Par la suite, cette amie allait beaucoup mieux et avait arrêté de se rendre malade pour ce sur quoi elle n'avait pas de contrôle.

Et vous ?

Est-ce qu'il vous arrive de ne pas être pleinement là et d'être heureux·se quand même ? Car nous passons nos journées à nous évader dans nos pensées : ce serait un effort que de lutter contre ce besoin naturel... Et si on arrêtait de lutter contre nos besoins naturels ?

Votre bel avenir

Je vous propose de vous imaginer dans quelques jours, heureux·se d'être là à 30, 50, 70, 90 ou 100 %. Vous êtes libre d'être dans l'ici ou maintenant, ou dans l'ailleurs et à un autre moment. Vous vous donnez la permission de vous laisser porter par votre envie du moment. Vous accueillez les envies, les émotions, les pensées et les ressentis qui vous parcourent, et vous ressentez une grande paix intérieure d'avoir le droit de ressentir exactement cela et tout à la fois. Tout est devenu possible.

IL A ARRÊTÉ DE PRÉFÉRER DES PARTIES DE LUI
EN UTILISANT L'EXPRESSION « DONNER LE MEILLEUR
DE LUI », CAR TOUT EST BON EN LUI.

29

Histoire

C'est l'histoire d'un homme pour qui le temps, les saisons, les émotions et les questionnements étaient toujours positifs. Il adorait tout ce qui se passait. Il avait vécu plusieurs années dans un pays chaud d'Amérique du Sud, et les hivers et la neige lui avaient manqué, les saisons lui avaient manqué. Depuis, il savait à quel point chaque diversité apporte de la richesse à sa vie.

Quand on lui demandait ce qu'il préférait, il répondait : « À cet instant précis, je préfère… Mais peut-être que l'instant d'après je ferai un autre choix, car finalement j'aime toutes ces choses et certaines me font plus envie que d'autres selon le moment. »

Il avait conscience d'adorer l'hiver, mais d'être également heureux de voir l'été se rapprocher après plusieurs mois dans le froid. Si on lui posait la question à ce moment-là, il préférait vivre l'été maintenant. Mais au bout de plusieurs mois d'été, il préférait accueillir l'hiver, ou l'automne.

D'ailleurs, depuis quelque temps, il n'avait plus envie d'utiliser le verbe « préférer », sinon il avait l'impression de faire entrer les choses en compétition et de moins aimer celles qui n'étaient pas ses préférées dans l'instant.

Il privilégiait désormais la question: «De quoi ai-je envie maintenant?» Comme s'il aimait absolument tout sur le buffet et que là, tout de suite, maintenant, c'était cet aliment qu'il choisissait.

Et c'était pareil avec toutes les parties de lui-même: au lieu d'en préférer ou de vouloir donner le meilleur de lui-même, il avait décidé que tout était bon en lui. Et ça lui faisait beaucoup de bien de le voir ainsi.

Il s'était également fait une nouvelle réflexion en voyant que des amis lui disaient: «Ça doit être chouette d'être comme toi, sûr de toi.» Et il leur avait répondu: «Mais je ne le suis pas, et je ne veux surtout pas l'être: j'aime douter, me poser des questions, avoir suffisamment d'ouverture d'esprit pour accueillir d'autres options et visions.

— Pourtant tu n'hésites pas à faire les choses...

— Ça, c'est ce que tu te racontes vu de l'extérieur. Mais en moi, mon jugement pèse le pour et le contre. Il tient compte de toutes mes pensées, sans jamais être sûr. Ne pas être sûr est le seul moyen de s'adapter. Un peu comme si je n'étais pas sûr d'avoir pris le bon chemin, et que je m'autorisais à regarder les panneaux, pour pouvoir changer de direction si besoin. Tu sais, ce n'est pas parce que j'ai confiance en la vie que je ne regarde pas à gauche et à droite avant de traverser.»

ET VOUS ?

Est-ce que vous vous êtes autorisé·e à aimer tout ce que vous êtes ? Est-ce que vous avez conscience que tout est bon en vous ?

VOTRE BEL AVENIR

Je vous propose de vous imaginer dans quelques jours, heureux·se d'avoir nuancé vos fonctionnements, pour que vous puissiez savourer votre vie. Ressentez la joie de savoir que tout est génial en vous… Et que vous n'avez rien à donner, tout cela est à vous. Vous pouvez juste le montrer, ou faire ce que vous voulez. Tout est devenu possible.

Elle a décidé de faire une mise à jour pour être en accord avec celle qu'elle est aujourd'hui.

Histoire

Cette femme était dans son jardin, en train d'étendre son linge, quand son voisin qui passait dans la rue lui dit: «C'est beaucoup de travail d'étendre le linge d'une si grande famille.» À cet instant, elle se rendit compte que c'était le bon moment de faire autrement. Elle décida d'aller s'acheter un sèche-linge.

Elle avait compris que l'autre, les autres étaient, d'une certaine façon, le reflet d'une partie de ses pensées qu'elle n'entendait pas toujours. Son voisin venait ainsi de lui confirmer qu'elle avait envie de se reposer et de troquer ses efforts contre une chaise longue.

Elle sentait que, parfois, les choses les plus évidentes avaient besoin de se refléter dans un miroir, et que certains messages passaient mieux à travers le comportement des autres.

Elle devinait ainsi que sa vie lui offrait la possibilité d'observer ses envies du moment et d'actualiser ses plans.

Elle rentra donc avec un sèche-linge et installa une chaise longue. Elle s'autorisa pour la première fois depuis longtemps à s'y asseoir confortablement...

Cinq minutes. Très vite, elle sentit qu'elle avait envie de faire autre chose, que le soleil était trop puissant, et après l'avoir déplacée à l'ombre, elle s'accorda le droit de se lever, parce qu'elle avait envie d'aller poncer son escalier.

Et elle comprit que si une partie d'elle avait envie de se poser, une autre avait envie d'avancer dans ses travaux. Il faut dire que ces deux parties en elle croyaient devoir chasser l'autre pour exister, mais ne savaient pas qu'elles pouvaient cohabiter !

Jusqu'à ce que cela sonne à la porte : c'était le voisin qui lui apportait une ponceuse électrique, car il avait remarqué par la fenêtre qu'elle se fatiguait à poncer à la main... Et ses deux parties pouvaient ainsi être satisfaites : les travaux allaient pouvoir avancer sans se fatiguer.

Parfois on croit que l'herbe sera plus verte ailleurs, alors qu'en réalité, l'herbe est plus verte partout où l'on s'autorise à satisfaire toutes les parties de soi, simultanément ou successivement.

Et c'était merveilleux pour elle de constater que son voisin n'était qu'un des acteurs, embauché par sa vie, pour exprimer ce qu'elle n'entendait pas en elle. Elle comprenait qu'il faisait partie d'un scénario qu'elle avait accepté de jouer, et qu'à tout moment, elle pouvait le réécrire si elle avait envie d'en changer. Dans le prochain, elle pouvait même décider de mieux s'écouter.

Et vous ?

Est-ce qu'il vous arrive de faire une mise à jour de vos pensées, pour savoir ce que vous souhaitez aujourd'hui ? Et est-ce que cela vous arrive aussi de voir que l'autre est peut-être parfois le reflet de vos propres peurs ou croyances inconscientes ?

Ne cherchez pas à comprendre cette phrase, mais quand on ne dispose que d'un tournevis on voit des vis partout…

Votre bel avenir

Je vous propose de vous imaginer dans quelques jours, heureux·se de vous actualiser régulièrement, pour vivre le meilleur à chaque moment. Tout est devenu possible.

ELLE A DÉCIDÉ DE TROUVER SON INTERMÉDIAIRE IDÉAL ENTRE DEUX EXTRÊMES.

Histoire

C'est l'histoire de la gagnante d'une émission de talents. On l'avait choisie non pas à l'aveugle, car son talent se regardait, mais avec beaucoup d'objectivité. Cette star n'était l'enfant de personne de connu, personne ne l'avait pistonnée. Seul son talent lui avait permis d'y arriver, et certainement aussi la chance en laquelle elle avait cru.

Elle savait qu'il était important de trouver son juste équilibre, de trouver la position idéale de son curseur entre deux extrémités. Dernièrement, justement, elle avait rencontré le curseur de la notoriété: elle le plaçait entre «rester cachée» et «être vue en permanence».

Au début, elle tâtonnait, acceptait de nombreuses interviews et, en même temps, une partie d'elle lui permettait de se souvenir de l'essentiel: du pourquoi elle pratiquait cet art. Ah, je ne vous ai pas dit quel art? Elle arrivait à contorsionner son corps comme dans certains numéros de cirque, et elle avait en plus une particularité: quand elle le faisait, des papillons venaient se poser sur elle... Et dès qu'elle bougeait, ils s'envolaient. On aurait dit qu'ils dansaient avec elle.

Elle savait que si elle voulait vivre de son art, il lui fallait accueillir la notoriété, d'autant plus qu'une partie d'elle adorait qu'on la reconnaisse dans la rue, alors qu'une autre adorait passer inaperçue.

Elle sentait qu'il était possible de vivre son rêve avec douceur et équilibre.

Un jour, justement, alors qu'elle était dans le train, une personne la reconnut. Cette personne qui s'était assise juste en face d'elle hésita : une partie d'elle avait envie de parler à la partie d'elle qui aimait être reconnue, et une autre partie d'elle, timide, avait envie de laisser tranquille la partie d'elle qui avait envie de passer inaperçue. Et finalement, c'était assez amusant, parce que chaque partie s'entendait parfaitement avec la partie-miroir de l'autre. C'était comme si elles étaient quatre et non deux… Deux dialogues pouvaient alors avoir lieu, et tout se déroula parfaitement.

Et vous ?

Vous en êtes où en matière d'équilibre dans votre vie ? En êtes-vous à « pour vivre heureux, vivons cachés » ou « pour être heureux, montrons tout aux autres » ? Où est votre curseur ? Est-ce que cela vous convient, où sentez-vous le besoin de le déplacer ?

Votre bel avenir

Je vous propose de vous imaginer dans quelques jours, heureux·se de placer idéalement vos curseurs dans tous les domaines de votre vie. Bien évidemment, ces curseurs sont mobiles pour vous adapter aux situations créées. Tout est devenu possible.

IL A CESSÉ DE VOULOIR S'AMÉLIORER, AVANCER,
GRANDIR, ÉVOLUER, CAR IL ÉTAIT DÉJÀ
AU BON ENDROIT DEPUIS TOUJOURS.

Histoire

C'est l'histoire d'un homme qui, chaque soir avant de s'endormir, avait de la gratitude pour tous les bonheurs petits et grands qu'il avait rencontrés dans sa journée.

En quarante ans, il n'avait pas tant changé, il était toujours proche de son noyau : ses valeurs, ce qui lui tenait à cœur, son essence profonde.

Bien sûr, la vie est changement, mais il ne se l'était pas imposé, il avait un peu changé, en douceur, mais sans jamais s'éloigner de l'homme bon et bienveillant qu'il avait toujours été.

Il avait nourri la partie joyeuse et altruiste en lui, et n'avait aucune envie de s'éloigner d'elle. Il avait su également diluer sa colère dans cette joie et, ainsi, les deux mélangées lui avaient permis d'avoir l'énergie d'œuvrer pour de belles causes. Il s'était engagé dans beaucoup de paix, refusant toujours de donner sa force à un combat.

Je ne sais pas si son père aurait été fier de lui, ce que je sais c'est que de nombreuses motivations internes s'étaient mises au service de ses projets. Il avait envie d'aider, d'être utile, de contribuer au monde, d'utiliser ses talents, de rendre fiers ses parents, de se sentir important, d'avoir de la reconnaissance, de ne pas se sentir impuissant, etc. En fait, beaucoup de raisons œuvraient pour lui.

Et bien sûr, certains auraient pu rejeter le besoin de rendre fier qui que ce soit, mais lui trouvait que c'était une sorte de « main-d'œuvre » supplémentaire contribuant à la réussite de ses projets.

Il refusait de disqualifier certaines parties de lui qui étaient dans son équipe.

Bien sûr, s'il ne recevait pas la reconnaissance de son père, il comblerait son besoin différemment et sainement.

Depuis longtemps, il avait arrêté de vouloir aller ailleurs ou de vouloir être autrement. Il était bien ainsi, il n'avait pas envie d'avancer, de se déplacer, de s'éloigner. Il aimait la vie qu'il avait, et ce qu'il était déjà.

Et vous ?

Est-ce que vous avez beaucoup changé ou, finalement, êtes-vous toujours proche des valeurs qui vous tenaient à cœur ? Pourquoi vouloir s'éloigner du merveilleux qu'on est déjà ?

Votre bel avenir

Je vous propose de vous imaginer dans quelques jours, heureux·se d'être exactement là où vous serez. Savourant votre vie. Débarrassé, si vous le souhaitez, des injonctions à changer, évoluer, grandir. Vous avez peut-être arrêté de croire que la vie était une échelle à grimper. Vous réalisez que peu importe vos choix ou ceux des autres, personne n'est supérieur. Vous vous êtes enlevé la pression d'être dans une école de la vie avec des paliers à passer, vous avez peut-être troqué le verbe «évoluer» contre le verbe «être». Et je ne sais pas si vous avez mis de côté la croyance qu'il y avait des leçons à apprendre des épreuves de la vie, ce qui vous a évité de vous en reprogrammer. Vous vous sentez bien et heureux·se. Tout est devenu possible.

Elle a décidé de nourrir
un avenir heureux.

Histoire

Cette femme, dont j'aimerais vous parler, n'avait pas besoin de réveille-matin, car c'est la joie qui lui chuchotait à l'oreille qu'il était l'heure de vivre une journée géniale. C'était comme cela depuis toujours, enfin, plutôt depuis qu'elle l'avait décidé. Il faut dire qu'elle s'était inspirée d'une personne qui sortait toujours accompagnée de son enthousiasme. Un peu comme un bijou qu'on met sur soi le matin, cette inspiratrice se parait d'un large sourire, quoi qu'il puisse arriver.

Elle était heureuse même si tout ne se passait pas comme prévu. Ne croyez pas qu'elle se créait des galères pour évoluer, elle avait renoncé depuis longtemps à cette manière d'apprendre des leçons de vie. Elle préférait vivre dans la douceur, bien que certains imprévus soient indépendants d'elle.

Elle savait qu'elle avait le pouvoir de se créer des journées qui lui plaisaient et, en même temps, elle gardait le sourire, même si tout ne se passait pas exactement comme prévu.

Elle avait confiance en la partie d'elle-même qui lui avait préparé des surprises encore plus grandes qu'elle ne les avait imaginées.

Par exemple, quand son prêt avait été refusé pour la maison qu'elle avait trouvée, elle avait compris que sa partie inconsciente lui réservait mieux. Et effectivement, trois mois plus tard, elle avait trouvé une maison qui correspondait encore plus à ses critères.

Parfois, il arrivait des choses indépendantes de sa volonté, comme le confinement l'avait été, mais elle pouvait toujours décider comment réagir face à cet imprévu. Elle avait décidé de bien le vivre : elle continuait à être créatrice de son bonheur.

Et vous ?

Est-ce que vous décidez que chaque journée va être géniale ? Par exemple, si vous avez des collègues, souvenez-vous que tout le monde a cette même envie de passer la journée la plus agréable possible.

Est-ce que vous pourriez vous parer d'enthousiasme chaque matin ? Et découvrir que la vie est beaucoup plus savoureuse ainsi ? Comme si cet enthousiasme était une manière d'assaisonner délicatement votre vie.

Votre bel avenir

Je vous propose de vous imaginer dans quelques jours, heureux·se de vous créer des journées géniales, de vous lever de bonne humeur et avec enthousiasme.

Ressentez la joie de vivre une vie qui vous plaît. Tout est devenu possible.

Séances audio

Vous accéderez aux séances audio en flashant ce QR code ou en utilisant le lien ci-dessous :

http://qr-tredaniel.fr/85327929

(Flaticon.com)

pca
cmb
édition pré-presse
livres numériques

44400 Rezé

Elle a décidé de nourrir
un avenir heureux.

IL A CESSÉ DE VOULOIR S'AMÉLIORER, AVANCER, GRANDIR, ÉVOLUER, CAR IL ÉTAIT DÉJÀ AU BON ENDROIT DEPUIS TOUJOURS.

ELLE A DÉCIDÉ DE TROUVER SON INTERMÉDIAIRE IDÉAL ENTRE DEUX EXTRÊMES.

IL A ARRÊTÉ DE PRÉFÉRER DES PARTIES DE LUI
EN UTILISANT L'EXPRESSION « DONNER LE MEILLEUR
DE LUI », CAR TOUT EST BON EN LUI.

ELLE A DÉCIDÉ DE SUPPRIMER L'INJONCTION DU 100 % ET D'ACCUEILLIR SES NUANCES.

Ces personnes ont décidé de laisser toutes leurs facettes tomber amoureuses les unes des autres.

ELLE A DÉCIDÉ D'ÉCOUTER
LA PARTIE D'ELLE-MÊME QUI A PEUR
ET DE LUI FAIRE UNE PLACE DANS SES PROJETS.

ELLE S'EST DONNÉ LA PERMISSION
D'ÊTRE UNE INSTABLE HEUREUSE.

IL A DÉCIDÉ QUE TOUS LES CHOIX,
PRIS AVEC LE CŒUR, ÉTAIENT BONS.

ELLE A DÉCIDÉ DE CHANGER L'HISTOIRE QU'ELLE SE RACONTAIT POUR NE PLUS SE SERVIR DU PASSÉ COMME EXCUSE.

Il a décidé d'être libre
en acceptant son interdépendance.

IL A DÉCIDÉ DE RENONCER À LA SOUFFRANCE
ET DE PASSER PAR LA DOUCEUR POUR ÊTRE HEUREUX.

ELLE A DÉCIDÉ DE VOIR LES PARTIES D'ELLE-MÊME QU'ELLE CROYAIT NON CONVENABLES COMME DES QUALITÉS.

ELLE A DÉCIDÉ DE RENONCER À VIVRE DES PROBLÈMES POUR LEURS BÉNÉFICES SECONDAIRES.

Elle a décidé de laisser la culpabilité
derrière elle et d'emporter dans ses bagages
sa petite part d'impuissance.

IL A DÉCIDÉ DE CHANGER SA VISION DES CONTRAINTES ET DE LES VOIR COMME DES PONTS VERS SES RÊVES.

IEL A DÉCIDÉ D'ARRÊTER DE LUTTER ET DE DILUER LES CHOSES PLUTÔT QUE DE LES SUPPRIMER.

ELLE A DÉCIDÉ DE LAISSER L'IMPORTANCE
DU *POURQUOI* REMPLACER CELLE DU *COMMENT*.

IL S'EST DONNÉ LA PERMISSION
DE RECEVOIR LES COMPLIMENTS,
L'AMITIÉ ET L'AMOUR DES AUTRES.

Il a décidé de trouver l'équilibre entre
son besoin de liberté et son besoin de règles.

ELLE A DÉCIDÉ QU'IL ÉTAIT L'HEURE
D'ÊTRE LE BON MOMENT.

ELLE A DÉCIDÉ DE TROUVER UN ÉQUILIBRE
ENTRE SE CONTENTER DE CE QU'ELLE A
ET VOULOIR TOUJOURS PLUS.

ELLE A DÉCIDÉ D'ARRÊTER DE VOULOIR CHANGER
ET D'AIMER CE QU'ELLE ÉTAIT DÉJÀ.

Elle a décidé qu'une journée parfaite
n'était pas forcément
une journée extraordinaire.

ELLE S'EST DONNÉ LA PERMISSION D'ABANDONNER
CE QUI AVAIT CESSÉ DE LUI CONVENIR.

IL A DÉCIDÉ D'INCLURE SES RESSEMBLANCES DANS SA SINGULARITÉ.

Elle a décidé d'aller bien,
quoi qu'il arrive.

ELLE A SUPPRIMÉ LA NOTION DE MÉRITE
À FAIRE LES CHOSES SEULE POUR ACCUEILLIR
LA SYNERGIE HUMAINE.

Elle a décidé de se féliciter
pour toutes les choses déjà mises en place
par amour pour elle-même.

ELLE A DÉCIDÉ DE FAIRE SAUTER
SES BLOCAGES INCONSCIENTS EN COMBLANT
LES BESOINS DE TOUTES SES FACETTES.

ELLE A DÉCIDÉ D'AJOUTER À SA VIE
D'AUTRES FAÇONS D'ÊTRE HEUREUSE.

IL A DÉCIDÉ D'ACCORDER AUTANT D'IMPORTANCE
À SES PENSÉES POSITIVES QU'À SES ACTIONS.

Mon bel Avenir

1

10